blue notes
53

Wien in den 1920er und frühen 1930er Jahren – eine aufregende weibliche Epoche in Literatur, Fotografie, Musik und Tanz.

Treffpunkte der Boheme sind die berühmten Kaffeehäuser »Central« und »Herrenhof«. Lina Loos, die scharfsinnige Gesellschaftskritikerin, ist hier zu Hause, ebenso wie die Journalistinnen Gina Kaus und Milena Jesenská sowie die Schriftstellerin Hilde Spiel. Der Salon von Bertha Zuckerkandl ist Drehscheibe für das liberale und fortschrittliche Wien. Bei Alma Mahler trifft sich »tout Vienne« – die ehrgeizige Muse und Geliebte berühmt gewordener Männer ist ein Machtfaktor im Musikleben der Stadt. Eugenie Schwarzwald revolutioniert die Mädchenbildung – in ihrem Salon finden sich KünstlerInnen und Intellektuelle aus ganz Europa ein. Hilde Holger und Gertrud Kraus machen den Wiener Ausdruckstanz international bekannt. Trude Fleischmann weist in der Aktfotografie neue Wege. Die Primadonna Maria Jeritza wird der erste Reisestar zwischen Staatsoper und New Yorker Met. Auftritte mit ihrer Rivalin Lotte Lehmann beleben die Abendkasse.

Heike Herrberg, *freie Redakteurin und Lektorin, forschte über die Exilzeit der Wiener Fotografin Trude Fleischmann. Aktuell arbeitet sie an einem Buch über Künstlerinnen in New York.*
Heidi Wagner *studierte Germanistik und Sozialwissenschaften. Sie ist kommunale Frauenbeauftragte und arbeitet an literarischen und sozialhistorischen Frauenprojekten.*

HEIKE HERRBERG · HEIDI WAGNER

WIENER MELANGE

FRAUEN ZWISCHEN SALON
UND KAFFEEHAUS

edition ebersbach

Bildnachweise
Archiv Seemann: 10. Archiv Sinhuber 53.
Bomann, Primavera: 54. Brandl, Stephanie: 72.
Dance Library of Israel: 56. Faber, Johannes: 75.
Faber, Monika: 62.
Hochschule für Musik und darstellende Kunst in Wien: 48.
Österreichische Gesellschaft für Zeitgeschichte: 130.
Österreichisches Literaturarchiv: 104, 115.
Österreichische Nationalbibliothek: 20, 36, 69, 108, 116, 126.
picture-alliance/IMAGNO/Austrian Archives: 32.
Streibl, Robert: 40, 46. Theatermuseum: 121.
Ullstein Bilderdienst: 96. Verlag Fritz Molden: 17.
Vondrácková, Jaroslava: 90. Zsolnay Verlag: 87.

1. Auflage 2014
© edition ebersbach
Bozener Str. 19, 10825 Berlin
www.edition-ebersbach.de
Alle Rechte vorbehalten.

Coverabbildung:
Blaues Samtkostüm, Dora Kallmus/Arthur Benda, 1916.
© Albertina, Wien – Dauerleihgabe der Höheren
Graphischen Bundes-Lehr- und Versuchsanstalt, Wien
Satz: Birgit Cirksena · Satzfein, Berlin
Druck und Bindung: Westermann Druck, Zwickau
ISBN 978-3-86915-093-4

INHALT

DRAMATIS PERSONAE 7

SZENARIUM 11

NETZWERKERINNEN DER SALONS 21
Hofrätin und Muse: Berta Zuckerkandl
und Alma Mahler-Werfel 21
Herzensfreundin: Eugenie Schwarzwald 41

TÄNZE AM RANDE DES VULKANS 49
Walzer, Masken und Dämonen: Grete Wiesenthal,
Gertrud Bodenwieser und Hilde Holger 49
Das Steppenpferd: Gertrud Kraus 57

STAR-FOTOGRAFINNEN 63
»Schauen und immer wieder schauen ...«:
Madame d'Ora 63
Prädikat: »zu anstößig«: Trude Fleischmann 73

INSPIRATION KAFFEEHAUS 81
Scharfe Pointen: Lina Loos 81
Schreiben als Elixier: Milena Jesenská
und Gina Kaus 91
Zur Pause eine Schale Gold: Hilde Spiel 105

BÜHNENZAUBER 117
Schillernde Diva – inniges Lottchen:
Maria Jeritza und Lotte Lehmann 117

NEUANFÄNGE 131

Anmerkungen 139
Zum Weiterlesen 143

DRAMATIS PERSONAE

Gertrud Bodenwieser (1890–1959) – Die Ausdruckstänzerin und ambitionierte Pädagogin verhalf dem Wiener Tanz-Expressionismus zum Durchbruch. Ihr Stil war intellektuell und ästhetisch und beeinflusste Tänzerinnen von Europa bis Australien.

Trude Fleischmann (1895–1990) – Eine Pionierin der Porträt- und Aktfotografie. Ihr Atelier in Wien war bis 1938 Treffpunkt von Kunst und Kultur. In New York City gelang ihr ab 1940 eine zweite Karriere.

Hilde Holger (1905–2001) – Tänzerin, Choreografin und Bewegungstherapeutin in Wien, Bombay und London. Die Schülerin von Gertrud Bodenwieser prägte ihren Tanzstil durch den Umgang mit der Wiener Kunstavantgarde. Sie arbeitete bis zuletzt tanzpädagogisch in London.

Maria Jeritza (1887–1982) – Primadonna des Jahrhunderts und erster Reisestar zwischen Wiener Staatsoper und New Yorker Met. Ihre Stimme und ihr Spiel begeisterten die Komponisten des 20. Jahrhunderts. Noch als 63-Jährige feierte sie triumphale Bühnenerfolge.

Milena Jesenská (1896–1944) – Politische Journalistin aus Prag. In ihrer Jugend kämpfte sie gegen bürgerliche Konventionen, später mutig gegen den Faschismus. Sie starb im Frauenkonzentrationslager Ravensbrück.

Bekannt wurde sie durch Kafkas posthum veröffentlichte *Briefe an Milena*.

Dora Kallmus alias Madame d'Ora (1881–1963) – Sie wurde als erste Frau in die »Photographische Gesellschaft« in Wien aufgenommen. Ihr Atelier galt bis 1925 als das berühmteste der Stadt. Mitte der Zwanzigerjahre zog es sie nach Paris.

Gina Kaus (1893–1985) – Die Schriftstellerin, eine Freundin von Milena Jesenská, führte ein Leben zwischen Kaffeehaus und Palais. Im Exil in Hollywood schrieb sie Drehbücher für Joan Crawford und andere Filmstars.

Gertrud Kraus (1903–1977) – Tänzerin und Choreografin mit intensiver Ausstrahlung und sozialkritischen Themen. Erkannte als Erste der Wiener Ausdruckstänzerinnen die Gefahr des Nationalsozialismus und ging Mitte der Dreißigerjahre ins Exil nach Israel.

Lotte Lehmann (1888–1976) – Die Opernheilige sang, dass es Sterne rührte. Zwischen ihr und der Jeritza bestand eine tiefe Rivalität. Prügeleien der Fans belebten die Abendkasse.

Lina Loos (1882–1950) – Ihr Zuhause war das Kaffeehaus, ihr Leben finanzierte sie durch die Schauspielerei. Sie schrieb scharfsinnige, witzige Gesellschaftskritiken und wurde umschwärmt von berühmten Frauen und Männern.

Alma Mahler-Werfel (1879–1964) – Führte einen der bekanntesten Salons in Wien. Ehrgeizige Muse und Geliebte vieler berühmt gewordener Männer. Ihre Leidenschaft galt der Entdeckung und Förderung männlicher Genies.

Eugenie Schwarzwald (1872–1940) – Streitlustige Reformpädagogin mit Hang zur Frauenbewegung und berühmten Schülerinnen. Die Jeanne d'Arc des Schulwesens provozierte durch Ideenreichtum und viel Energie. In ihrem Salon trafen sich KünstlerInnen und Intellektuelle aus ganz Europa.

Hilde Spiel (1911–1990) – Schriftstellerin, Kritikerin und Journalistin. Besuchte regelmäßig das Café Herrenhof und hatte mit 22 Jahren ihren ersten Romanerfolg. Nach Jahren des Exils kehrte sie 1963 nach Wien zurück und wurde die »Grande Dame« der deutschsprachigen Literatur.

Grete Wiesenthal (1885–1970) – Sie machte den Tanz außerhalb der Wiener Hofoper salonfähig und kreierte als freischaffende Künstlerin Wiener-Walzer-Seligkeit.

Berta Zuckerkandl (1864–1945) – Politische Journalistin mit Zugang zu höchsten europäischen Regierungskreisen. Ihr Salon war eine Drehscheibe der Kontakte für das liberale und fortschrittliche Wien. Bis zu ihrer Emigration prägte sie das kulturelle Leben der Stadt entscheidend mit.

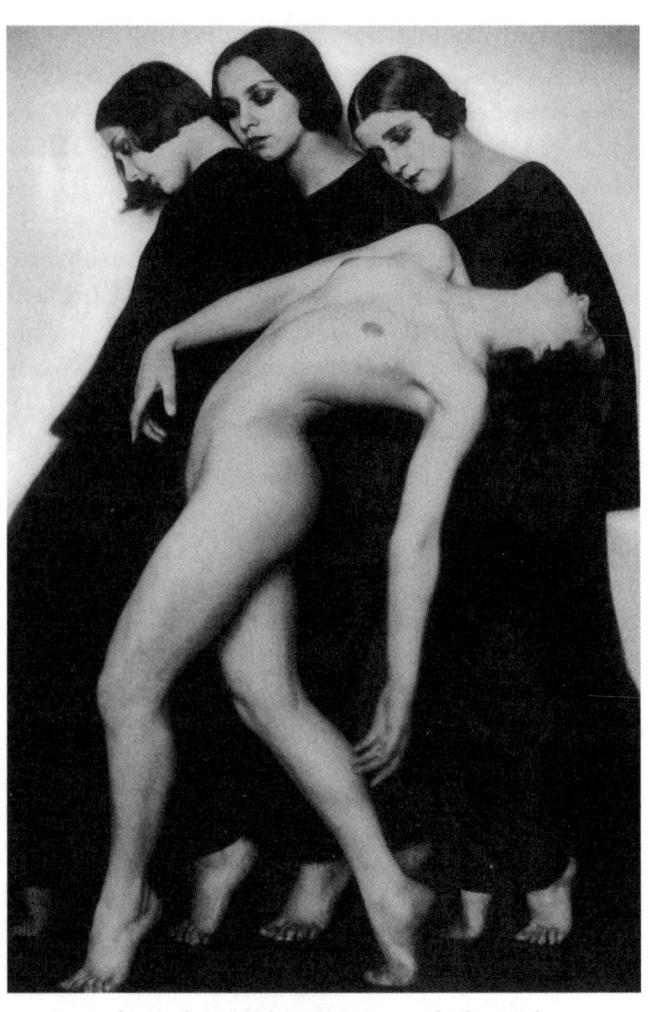

Aufregend weiblich: Tänzerinnen finden in den Zwanzigerjahren neue Ausdrucksformen.

SZENARIUM

»Ich weiß nicht, was in Wien geschehen müßte, damit das Volk darüber keine Witze machte ... Lustigkeit ist der erste Grundsatz Wiens«, schreibt 1922 die Prager Journalistin und Wahlwienerin Milena Jesenská. Und ihre Wiener Kollegin Hilde Spiel meint: »Die Musik wird hier ernster genommen als alle Ereignisse in Gesellschaft, Wirtschaft, Politik.«

Wien zwischen 1918 und 1938 steht für eine aufregende weibliche Epoche in Literatur, Fotografie, Musik und Tanz. Wie nie zuvor wird das künstlerische Milieu der österreichischen Hauptstadt in der Ersten Republik von Frauen bewegt. Wien ist vor allem eine Stadt der Kunst. Das macht sie – verglichen mit Paris, London oder Berlin – einmalig unter den europäischen Hauptstädten dieser Zeit. »Der Ministerpräsident, der reichste Magnat konnte in Wien durch die Straßen gehen, ohne daß jemand sich umwandte; aber einen Hofschauspieler, eine Opernsängerin erkannte jede Verkäuferin und jeder Fiaker.«[1]

Wien ist in den Zwanziger- und Dreißigerjahren eine genießerische Stadt. Geselligkeit, heitere Selbstironie und ein »Zusammengehen von geistigem und erotischem Leben« prägen die Atmosphäre. Musik und Theater sind der beliebteste Zeitvertreib der Wiener Gesellschaft, und wer sich selbst eine Stehplatzkarte für Oper oder Burgtheater nicht leisten kann, liest am nächsten Tag die

Berichte in den Zeitungen, die in allen Kaffeehäusern ausliegen. Porträtfotos der Stars werden begeistert gesammelt, getauscht und an jeder Straßenecke verkauft. Das Flair lockt Künstlerinnen, Künstler und alle, die zur Szene gehören wollen, aus der alten K.-u.-K.-Monarchie in die Metropole.

Auch als die weltpolitische Lage alles andere als lustig ist, geht's in Wien scheinbar munter weiter. »Wien praßt, Wien tanzt, Wien amüsiert sich, Wien singt und spielt Walzer und unsinnigere Operetten als je zuvor. Und dasselbe Wien siecht dahin, stirbt, ist voller Reparationskommissionen, und seine politischen Führer reisen in der ganzen Welt herum, um Hilfe zu erbitten«, schreibt Milena Jesenská 1919.[2]

Die österreichische Hauptstadt steht zum Ende des Ersten Weltkrieges am Rande des Abgrunds. Mit dem militärischen Zusammenbruch ist die Donaumonarchie untergegangen. Der Vielvölkerstaat mit 54 Millionen Menschen und deren Sprachenvielfalt löst sich in seine nationalen Bestandteile auf: Böhmen und Mähren, Galizien und die Bukowina, Bosnien und Herzegowina, Kroatien, Slowenien ... Wien, einst die Hauptstadt eines großen Reiches mit verschiedenen Kulturen, bleibt nun als viel zu große Metropole in einem kleinen Rest-Österreich zurück und hat immense Probleme: Das wirtschaftliche Hinterland in Ungarn, Böhmen und Mähren ist verloren, die Nahrungsmittel-, Energie- und Rohstoffquellen versiegen, vor allem fehlen Fleisch und Milch aus Ungarn. Der Verwaltungs- und Dienstleistungsapparat ist jetzt nur noch für sieben Millionen Menschen zuständig – und damit ein überdimensionierter Wasserkopf. Zahlreiche Deutschsprachige des ehemaligen Reiches kommen nach Wien, ebenso wie verfolgte Jüdinnen und Juden aus Osteuropa. Viele Wiener TschechInnen und UngarInnen übersiedeln dagegen in ihre neu entstandenen Nationalstaaten.

Ab November 1918 ist Österreich eine Republik, schon zwei Monate später gibt es Hungerdemonstrationen, Streiks und Unruhen. Tausende sterben an Typhus, Cholera und Spanischer Grippe. Doch in den Lokalen und Kaffeehäusern geht es hoch her. Im Rhythmus von Shimmy, Charleston und Foxtrott feiert Wien, »das fidele Grab an der Donau«, seinen Untergang in Kabaretts und auf Faschingsfesten. »Man geht, so ist es üblich, gemeinsam hin«, schreibt Hilde Spiel, »aber die Eheleute trennen sich sogleich und verbringen die Ballnacht mit Unbekannten. Der Krieg hat alle bürgerlichen Sitten gelockert, man ist es sich schuldig, fremden Menschen begehrlich zu erscheinen, bis an die Grenze zu gehen im hautnahen Tango, weiter zumeist nicht.«[3] Opernvorstellungen sind ausverkauft. An der Staatsoper sorgen die glamouröse Maria Jeritza und Stimmwunder Lotte Lehmann für Begeisterungsstürme und Gesprächsstoff auf dem spärlich beleuchteten Heimweg. Der Schauspielerinnenkult hat Krieg und Massenarbeitslosigkeit überdauert. An »der Burg«, wie das staatliche Burgtheater kurz heißt, und am Theater in der Josefstadt inszeniert Max Reinhardt: Klassiker modern interpretiert, neue Raumkonzepte und Massenszenen – damit sorgt er für spektakuläre Theaterabende.

Die Wahlen im Februar 1919, bei denen Frauen zum ersten Mal ihre Stimme abgeben dürfen, bringen den politischen Umsturz und der sozialdemokratischen Partei eine bequeme Mehrheit. Wien wird verwaltungsmäßig vom Land Niederösterreich getrennt und eigenes Bundesland. Die Hauptstadt wird somit sozialdemokratisch regiert, die Bundesregierung ist christlich-sozial. Damit sind Konflikte vorprogrammiert. Zugespitzt durch die kulturellen Gegensätze zwischen Metropole und den eher ländlichen Gebieten der Alpenrepublik kommt es immer wieder zu militanten Auseinandersetzungen und Straßenkämpfen.

Politiker, die sich während der Woche im Parlament erbittert bekämpft haben, geben sich sonntags im Salon von Berta Zuckerkandl – auf »neutralem Boden« – versöhnlich die Hand. Die Journalistin gehört zu den bekanntesten Salonièren der ersten Wiener Republik. Bei ihr trifft sich »tout Vienne«. Sie schreibt politische Artikel und setzt sich leidenschaftlich für vielversprechende junge Künstler ein, erkennt das Genie in Gustav Klimt, Franz Werfel oder Oskar Kokoschka. Letzterer verdankt seine ersten Aufträge der Reformpädagogin Eugenie Schwarzwald. Sie macht, »offenbar in einem Anfall von Irrsinn, diesen verschrobenen Porträtisten zum Zeichenlehrer in ihrer Mädchenschule, jawohl Mädchenschule«, heißt es in der Presse.

Hinter jedem berühmten Mann steht eine starke Frau – dies trifft auf die Künstlerszene Wiens im ersten Drittel des 20. Jahrhunderts zweifelsohne zu. Alma Mahler-Werfel verewigt in ihrem Namen zwei ihrer berühmten Ehemänner – Gustav Mahler und Franz Werfel –, die sie in deren künstlerischem Schaffen uneingeschränkt unterstützt und gnadenlos zur Arbeit antreibt. In ihrem Salon wird nach Popularität und Prominenz ausgewählt. Hier verhandelt man in der einen Ecke über die Vergabe eines hohen Regierungspostens und beschließt in der anderen die Besetzung einer neuen Komödie am Burgtheater. Auch über den Auftritt der Berliner Nackttänzerin Anita Berber, die 1922 für einige Gastspiele vom Kurfürstendamm an die Donau kommt, wird heiß diskutiert.

Seit Isadora Duncan 1902 in Wien ihren Tanzabend gegeben hat, wird hier das klassische Ballett infrage gestellt, wollen die Tänzerinnen sich von Spitzenschuh und sterbenden Schwänen befreien. Grete Wiesenthal und ihre beiden Schwestern entwickeln die heiter-wienerische Walzervariante des Freien Tanzes und debütieren damit 1908 im Kabarett Fledermaus. Die Pionierin des österreichischen Ausdruckstanzes, Gertrud Bodenwieser, hat ihren ersten Auftritt 1919. Wie Gertrud Kraus und Hilde Holger entwickelt sie ihren eigenen expressiven Stil und schreckt auch vor sozialkritischen Themen nicht zurück. In Kabaretts und auf Kleinkunstbühnen tanzen leicht bekleidete Revuemädchen. »Niemals hat es so viele Bars und Kabaretts und Tingeltangel gegeben, und niemals waren sie so gefüllt wie jetzt«, ist 1921 in der Presse zu lesen.

Ab 1924 sorgt die »Österreichische Radio-Verkehrs-AG« für tägliche Musikübertragungen im Rundfunk. Im gleichen Jahr wird *Die Bühne* gegründet. Diese Wochenzeitschrift wendet sich an das moderne, aufgeschlossene Bürgertum, berichtet aus der Welt des Theaters und der Oper, über Uraufführungen, Nackttänzerinnen, Wintermode und Sommerreisen. Der Zeitschriftenmarkt boomt und mit ihm die Fotografie. Viele junge Frauen machen sich in den Zwanzigerjahren als Fotografinnen selbstständig. Trude Fleischmanns Bilder der Tanz- und Operngrößen sind allwöchentlich in der *Bühne* zu sehen. Ihre Aktaufnahmen von sportlichen jungen Frauen sorgen für Aufsehen und rufen in Berlin 1925 sogar die Staatsanwaltschaft auf den Plan. Josephine Baker, Anita Berber, Mary Wigman – die in Wien gastierende Prominenz lässt sich am liebsten von Madame d'Ora ablichten. Ihre Spezialität sind Starporträts. Sie steigt auch bereits früh in die Modefotografie ein, die in den Zwanzigerjahren richtig in Schwung kommt, stattet ihre Models schon mal mit Kurzhaarfrisur und Hose aus und demonstriert damit den Wandel der Frau und ihrer Rolle in der modernen Zeit.

Wien ist zwar Metropole, doch die Szenen sind klein – zu klein, um sich nicht über den Weg zu laufen oder sich gar zu ignorieren. Die künstlerische Szene trifft sich im Kaffeehaus. Bei einem Mokka oder einer »Schale Gold« kann man in dieser demokratischen Einrichtung stundenlang im Warmen sitzen und die Zeitungen aus ganz Europa lesen oder Pläne für eine bessere Zukunft schmieden. Hier verhandelt die Autorin mit ihrem Verleger über einen Vorschuss, während am Nachbartisch ein Literat vergeblich darauf wartet, entdeckt zu werden. Den Schriftstellerinnen und Autoren geht es schlecht in diesen Zwischenkriegsjahren. Zwar gibt es viele Zeitungen, doch die Honorare sind miserabel. Von einer festen Stelle in der Branche können junge Autoren und speziell Frauen nur träumen. »In allen Positionen saßen reife Männer, die Familien zu erhal-

Kaffeepause über den Dächern von Wien

ten hatten und nicht gewillt schienen, vor dem letzten Atemzug jenen Platz abzugeben, den sie mit Mühe errungen hatten.«[4]

Die Diseuse und Feuilletonistin Lina Loos ist mit ihrem pointierten Humor der Mittelpunkt vieler Runden im Café Central. Hier verfasst der Sprachkritiker Karl Kraus an seinem Stammtisch täglich flammende Artikel für *Die Fackel*. Unerbittlich zieht er in seiner Zeitschrift gegen die Verlotterung der Sprache als Ausdruck des Kulturverfalls zu Felde, verleumdet und verunglimpft alle, die nicht seiner Meinung sind. Damit zieht er sich zwar den Zorn seiner Mitmenschen zu, ist zugleich aber eine Art moralisches Gewissen für viele junge Autoren und Autorinnen. Wer in der Wiener Literaturszene der Zwanziger- und frühen Dreißigerjahre Erfolg haben will, muss sich im Café Herrenhof blicken lassen. Hier trifft sich jetzt »alles, was politisch und erotisch revolutionär gesinnt« ist. Zur Herrenhof-Generation gehören die Schriftstellerinnen Hilde Spiel, Gina Kaus und Vicki Baum sowie ihre Prager Kollegin Milena Jesenská.

Im sozialdemokratischen »Roten Wien« sind für Frauen viele Lebens- und Liebesmodelle möglich; die Stadt ist gemächlich, aber kosmopolitisch, es besteht ein reger Austausch mit anderen Metropolen. Auch die psychoanalytische Szene gestaltet sich Mitte der Zwanzigerjahre zunehmend international. In der Berggasse praktiziert Sigmund Freud, seine Tochter Anna begründet hier die Psychoanalyse für Kinder.

Die Wiener Stadtverwaltung setzt in den Zwanzigerjahren ein beispielloses Reformprogramm um. Vor allem die Wohnungsnot soll gelindert werden. Ausgedehnte »Gemeindebauten« entstehen, gruppieren sich um begrünte Innenhöfe, inklusive Wäscherei und Kindergarten. Volkshochschulen und städtische Bibliotheken gehören ebenso zu der neuen sozialen Infrastruktur wie Kliniken und Altenheime. Finanzstadtrat Hugo Breitner stellt ein Steuersystem auf, das ihm den Vorwurf des »Steuerbolschewismus« einbringt. Er wehrt ab: »Die Betriebskosten der Kinderspitäler decken die Steuern aus den Fußballspielen, die Betriebskosten der Schulzahnkliniken liefern die vier größten Wiener Konditoreien … Die Schulärzte zahlt die Nahrungs- und Genußmittelabgabe des Sacher. Die gleiche Abgabe vom Grand-Hotel, Hotel Bristol und Imperial liefert die Aufwendungen für die Kinderfreibäder. Das städtische Entbindungsheim wurde aus den Steuern der

Stundenhotels erbaut und seine Betriebskosten deckt der Jockeyclub mit den Steuern aus den Pferderennen.«[5]

Auch wenn Telefon, Auto und Waschmaschine nur einer kleinen Minderheit vorbehalten sind, haben in der Hochkonjunkturphase 1925 bis 1928 breitere Schichten am beginnenden Wohlstand und am Massenkonsum teil. Doch Weltwirtschaftskrise und der Bankenzusammenbruch 1931 künden vom Ende der kurzen Blütezeit. Die Arbeitslosigkeit nimmt wieder katastrophale Ausmaße an, Reiche werden arm, Spekulanten zu Inflationsmillionären.

1933 löst sich das Parlament auf, der christlichsoziale Bundeskanzler Dollfuß regiert mit Sondergesetzen. Aus Deutschland kommen nach Hitlers Machtübernahme jüdische Künstlerinnen und Künstler scharenweise nach Wien. Doch schon ein Jahr später werden auch hier die antisemitischen Parolen lauter, Reformen rückgängig gemacht, demokratische Gremien aufgelöst. Die fortschrittliche Presse wird verboten. Viele Autorinnen und Journalisten verlieren damit ihre wesentliche, wenn auch magere Verdienstquelle.

Im Februar 1934 kommt es zum Bürgerkrieg – drei Tage, in denen die Sozialdemokratie zerschlagen wird. Für viele Intellektuelle ist dies eine Warnung zum Aufbruch, ein Signal, Vorbereitungen für ein Leben im Exil zu treffen. Andere hoffen bis zuletzt auf ein Wunder, realisieren erst beim Einmarsch der Nazis im März 1938, dass es höchste Zeit ist, das Land zu verlassen …

Berta Zuckerkandl

NETZWERKERINNEN DER SALONS

Hofrätin und Muse

12. November 1918. Wien erlebt den Untergang der Donaumonarchie. In Österreich wird die Republik ausgerufen. Im Café Landtmann, dem Treffpunkt der feinen Wiener Gesellschaft neben dem Burgtheater, schlagen Aufrührer sämtliche Scheiben ein. Panisch stürzen die Gäste auf die Straße oder flüchten sich in die oberste Etage des noblen Bürgerhauses, wo Berta Zuckerkandl wohnt. Die bekannte Journalistin lebt hier in der Oppolzergasse, schräg gegenüber vom Rathaus und nur knapp zweihundert Meter vom Parlament entfernt, in einer großen Vierzimmerwohnung, die jeden Sonntagnachmittag Treffpunkt der künstlerischen und literarischen Avantgarde ist. Der Salon Zuckerkandl wird im kulturellen Leben Wiens der Zwanziger- und Dreißigerjahre eine Institution. Ähnliche Gesellschaften finden auch in der nahe gelegenen Wohnung ihrer Freundin Alma Mahler statt, die ihre Gäste sonntagabends in der Elisabethstraße empfängt und zu der an manchem Wochenende der ganze Tross aus der Oppolzergasse wechselt.

Vom Fenster ihres roten Salons aus beobachtet Alma Mahler an diesem Nachmittag die aufgebrachte Menschenmenge, die durch die Straßen zieht. Glücklicherweise kann sie nicht bis zum Landtagsgebäude sehen, wo sich auch Franz Werfel, Schriftsteller aus Prag und seit knapp einem Jahr ihr Geliebter, zusammen mit

Milena Jesenská und Gina Kaus unter die Menge gemischt hat. Werfel ist Mitarbeiter im Kriegspressequartier und ebenso wie die Journalistinnen Jesenská und Kaus begeisterter Kaffeehausbesucher. Das Stammcafé der drei, der bekannte Literatentreffpunkt Herrenhof, ist an diesem Dienstag brechend voll. Es ist der Teufel los. Noch berichten die Zeitungen nicht vom Ende des Krieges, aber es liegt in der Luft. Nach hitzigen Diskussionen gehen einige auf die Straße, und auch Franz, Milena und Gina wollen wissen, was dort los ist. In der Menge reißt Werfel sich den Hut vom Kopf und schreit: »Nieder mit Habsburg! Es lebe die Republik!« Immer wieder steigt er auf die Parkbänke entlang der Ringstraße und ruft den Aufständischen zu: »Stürmt die Banken! Nieder mit den Kapitalisten!«

Alma Mahler hat keinerlei revolutionäre Ambitionen; in ihren Augen tummeln sich da unten nur Rowdys und Randalierer. Als sie am nächsten Tag erfährt, dass Werfel und andere junge Literaten in den Kaffeehäusern die »Rote Garde« gegründet haben, ist sie außer sich.

Aber die sozialistische Revolution findet nicht statt. Eine unspektakuläre bürgerliche Republik markiert das Ende der Habsburger Herrschaft. Nach der Niederschlagung des Aufstandes geht die Wiener Gesellschaft mit den Aufrührern hart ins Gericht. Franz Werfel wird steckbrieflich gesucht. Allein Berta Zuckerkandl stellt sich auf seine Seite: »Ich verehre Werfel als Dichter, liebe ihn als Menschen und stehe ihm als ›aktivistischem Denker‹ mit größtem Vorbehalt gegenüber. ... Aber für die menschliche Qualität Werfels muß man eintreten.«[1]

Sich für einen vielversprechenden jungen Künstler einzusetzen – der Jahre später als einer der renommierten deutschsprachigen Schriftsteller gelten wird –, ist ganz nach Berta Zuckerkandls Geschmack. Künstlerischen Persönlichkeiten zur Bekanntheit zu verhelfen, ist der 56-jährigen Kulturjournalistin seit jeher eine Herzensangelegenheit. Besonders setzt sie sich für die Künstlerinnen und Künstler der Moderne ein. Oskar Kokoschka, den Gesellschaftsschreck, der in der Malerei revolutionäre neue Wege geht und im provinziellen Wien misstrauisch bis ablehnend beäugt wird, verteidigt sie in ihren Artikeln ebenso wie Adolf Loos, über dessen aufsehenerregende Architektur sich die Stadt das Maul zerreißt.

Die Wiener Salonkultur erlebt in den Zwanzigerjahren eine neue Blüte. Die Salons des 19. Jahrhunderts sind Freiräume des Denkens, der Begegnung und der weiblichen Emanzipation. Die Gäste treffen sich regelmäßig und meist ohne besondere Einladung. Sie gehören verschiedenen Gesellschaftsschichten und Lebenskreisen an. Gemeinsam ist ihnen das Interesse an literarischen, politischen und philosophischen Gesprächen. Die Atmosphäre ist bestimmt von Toleranz und Vorurteilslosigkeit. Mittelpunkt dieser Geselligkeit ist die Salonière, eine in der Regel wohlhabende Dame, deren Persönlichkeit die Gäste anzieht.

An diese Tradition einer weiblichen Kultur knüpfen die Salons der Zwanzigerjahre an. Die spektakulärsten, schon durch die illustre Gastgeberin von einer besonderen Aura umgeben, sind neben Berta Zuckerkandls

Salon die von Alma Mahler und Eugenie Schwarzwald. Diese Frauen haben das Talent, Gesellschaft zu inszenieren und bemerkenswerte Menschen zusammenzuführen. Aber auch die »weibliche« Gabe, durch ihre bloße Anwesenheit und persönliche Ausstrahlung animierend zu wirken, Gegensätze auszugleichen, neue Verbindungen zu knüpfen, passende Sitzordnungen zu arrangieren, um kalkulierbare Animositäten und Empfindlichkeiten im Voraus auszuschalten – mit einem Wort: perfekte Gastgeberin zu sein.

Für die bedeutende Rolle in der Wiener Kulturszene ist »B.Z.«, wie Berta Zuckerkandl ihre Artikel zeichnet, durch ihre Herkunft aus dem jüdischen Großbürgertum mit linksliberalen Eltern prädestiniert. Schon in jungen Jahren attackiert die temperamentvolle Journalistin und Kunstkritikerin mit ihren kämpferischen Artikeln in den führenden Zeitungen Wiens das alteingesessene konservative Bürgertum und setzt sich für junge Talente ein, die künstlerisches Neuland betreten. Auch bei der 1903 gegründeten »Wiener Werkstätte« leistet Zuckerkandl Geburtshilfe. Diese Produktionsgemeinschaft will – ähnlich dem später von Walter Gropius gegründeten Bauhaus in Weimar – die Trennung von Handwerk und Kunst aufheben und entwickelt sich im Laufe der Jahre zu einer Kunstrichtung mit internationaler Bedeutung. Komplette Innendekorationen von Möbeln bis zu Bucheinbänden und Stoffen werden nach Entwürfen der Wiener Sezession hergestellt und verkauft. Führend in dieser Bewegung ist das Enfant terrible Gustav Klimt, für den Berta Zuckerkandl sich immer wieder besonders gern engagiert. Die Ideen der neuen Kunstrichtung verbreitet sie bis zu deren Niedergang 1932 in bester PR-Manier in zahllosen Zeitungsartikeln. Ihre Wohnung lässt sie von dem Stararchitekten der Wiener Werkstätte Josef Hoffmann einrichten.

Berta Zuckerkandls antikonformistische Geisteshaltung, ihr oppositioneller Instinkt, wurzeln in einem unbeirrbaren Fortschrittsglauben, der für das liberale jüdische Großbürgertum ihrer Generation kennzeichnend ist. Eine Salonbesucherin ist begeistert, als sie Zuckerkandl kennenlernt: »Ein Star war sie, der sogenannte Kopf der Wiener Intelligenz. Sie war ganz anders als die Frauen, die ich bis dahin kannte. Sie besaß eine Aura von Freiheit! ... Sie war sehr selbstsicher, strahlte Wärme und Freundlichkeit aus ... Sie verstand viel von Politik und hatte ein tiefes Verständnis für deren Menschlichkeit. Sie war nicht die Galionsfigur, für die man sie hielt. Sie hatte weder etwas Barockes noch präsentierte sie die Belle Époque, sie war kein Kind ihrer Zeit. Sie kam aus der Zukunft.«[2]

Das Engagement der Journalistin gilt nicht nur den Künsten. Als eine der Ersten im bürgerlichen Lager ergreift sie Partei für galizische Flüchtlinge, die zu Beginn des Ersten Weltkrieges Zuflucht in Wien suchen: »Was man vor allem an den Vertriebenen aussetzt, ist ihr Mangel an Erziehung. Auf den Tramways, in den Geschäften, in den Kaffeehäusern, hört man jetzt klagen, daß Menschen sich herumdrängen, die gegen die Sitten unserer Stadt verstoßen. ... Also die Wiener verlangen wohlerzogene Flüchtlinge. Ich weiß nicht, ob es das überhaupt gibt. Und ob gerade der Wiener, der, wenn er auf Lustreisen, von internationalem Komfort umgeben, tief verstimmt sein Rindfleisch und seine Virginier vermißt, ein überaus netter Flüchtling wäre.«[3]

Wien ist 1918 als pompöse Hauptstadt eines kleinen Reststaates nahezu ruiniert. Die Stadt hat ihr wirtschaftliches Hinterland in Böhmen, Mähren und Ungarn verloren und ist damit von ihren traditionellen Nahrungsmittel- und Rohstoffquellen abgeschnitten. Zudem zieht ein Großteil der deutschsprachigen Bevölkerung aus den ehemaligen »Kronländern« nach Wien. Die Lebensbedingungen sind katastrophal. Das besiegte Österreich ist nicht in der Lage, sein Volk auch nur mit dem Notwendigsten zu versorgen, die Hungersnot verschärft sich, Bürgerkrieg droht.

Die Situation Österreichs und die politische Weltlage sind natürlich auch Thema in den Salons. Zuckerkandls Jour fixe ist der Sonntagnachmittag. Die Bewirtung ist eher bescheiden, Brötchen und Tee oder Kaffee – nicht pompös, aber mit Stil. Die »Hofrätin«, wie sie auch kurz genannt wird, teilt sich die Wohnung mit Sohn, Schwiegertochter und Enkel. In ihrer ganz in Schwarz-Weiß gehaltenen »Bibliothek«, wie sie den Salon lieber nennt, steht ein Klavier für die musikalischen Darbietungen ihrer Gäste. Den Mittelpunkt des geselligen Lebens bildet ein dunkel gemusterter Diwan – ein Prunkstück der Wiener Werkstätte. Auf dieser Sitzlandschaft finden zehn Personen bequem Platz. Zu denen, die sich darauf niederlassen, gehören Franz Werfel, Arthur Schnitzler und Hugo von Hofmannsthal, der Theaterregisseur Max Reinhardt, die Schauspielerinnen Lina Loos und Tilla Durieux oder der Verleger Paul Zsolnay, zuweilen der französische

Terrasse des Café Landtmann. Im vierten Stock über dem Kaffeehaus empfängt Berta Zuckerkandl sonntags ihre Gäste.

Komponist Maurice Ravel oder Heinrich Mann sowie die französische Bestsellerautorin Colette. Und immer mittendrin: die Gastgeberin. »Ihr rotes Haar glühte über bunt bestickten Stoffen und Batiks, und ihre dunkelbraunen Augen funkelten von innerem Feuer. Meist fand man sie auf ihrem Diwan sitzend, umgeben von jungen Malern, Dichtern und Musikern, die sich immer wohl bei ihr fühlten, weil eine lösende, schwingende Luft dort wehte. Etwas Freies, Unwirkliches, nie Beschwerendes umgab sie wohltuend.«[4]

Die Kunstszene trifft sich in Zuckerkandls Salon, aber auch Politiker finden sich zum lebhaften Gespräch ein. Der christlichsoziale Bundeskanzler Ignaz Seipel und der sozialdemokratische Stadtrat Julius Tandler – in der Politik erbitterte Gegner – geben sich hier fast freundschaftlich die Hand. Im Interesse eines unabhängigen Österreichs will die politisch engagierte Gastgeberin persönliche Beziehungen zwischen Christlichsozialen und Sozialdemokraten anbahnen.

Trotz gelegentlichen Liebäugelns mit sozialistischen Ideen bleibt Berta Zuckerkandl immer altösterreichisch-liberal, wobei ihr als Kosmopolitin jeder Nationalismus fremd ist. Das heißt in diesem Fall: kein Anschluss an Deutschland! In deutschnationalen Kreisen wird ihr Salon damit zur »Brutstätte jüdisch-bolschewistischer Verschwörung«. Sie ist Bewunderin der sozialdemokratischen Kommunalpolitik, die das »Rote Wien« in die Geschichte eingehen lässt. Nach ihrer Flucht vor den Nationalsozialisten schreibt sie 1939 rückblickend über die Wiener Sozialdemokraten: »Was sie für das Volk, was sie für dessen soziale Rechte gewirkt und geschaffen haben, ist für ganz Europa vorbildlich geblieben. Besonders der Minister für Hygiene und Volkswohl Professor Julius Tandler hat in genialer Weise die Wohnungspolitik, die Schulhygiene, die Säuglingspflege auf ein bis dahin nicht gekanntes Niveau gehoben.«[5]

Politische Interviews, Theaterkritiken, expressionistische österreichische Literatur und moderne französische Autorinnen und Autoren sind die Schwerpunkte der Publizistin in den Zwanziger- und Dreißigerjahren. Ihre Artikel verfasst sie oft in den frühen Morgenstunden. Ihr Lieblingsraum ist das Schlafzimmer, zugleich auch ihr Arbeitsraum. »Rechts und links neben dem diwanartigen Bett sind niedrige Bücherregale angebracht. Ich schreibe stets im Bett liegend, deshalb wollte ich die nötigen Nachschlagewerke immer zur Hand haben.«[6]

Anfang der Zwanzigerjahre wechselt die Journalistin von der *Wiener Allgemeinen Zeitung* zum *Neuen Wiener Journal,* was sich vorteilhaft auf ihre Karriere auswirkt. Hat sie zuvor hauptsächlich fürs Kulturressort geschrieben, wird sie nun innerhalb kurzer Zeit zur bedeutendsten außenpolitischen Kommentatorin Österreichs. Ihre hervorragenden persönlichen Beziehungen öffnen ihr dabei so manche Tür. Diese nutzt sie auch, als es im Juli 1927 nach dem Brand des Wiener Justizpalastes zu den bisher schwersten Unruhen in der Geschichte der Ersten Republik kommt. Die Polizei schießt wahllos in die Menge der empörten Arbeiter, die ihrer Wut über den Freispruch rechtsgerichteter Mörder Luft machen. Neunzig Menschen sterben, mehrere hundert werden verletzt. Bundeskanzler Seipel verteidigt das blutige Vorgehen gegen die Kritik der Sozialdemokraten. Auf diese Ereignisse und die darauf folgende Verschärfung des innenpolitischen Klimas reagiert die sozialistische und liberale Presse Westeuropas äußerst kritisch.

Aus Berta Zuckerkandls Briefen und Manuskripten gehen allmählich ein Unbehagen und die Furcht vor der Zukunft hervor, ihr lebhafter, optimistischer Grundton weicht düsteren Ahnungen, die ihr den Ruf der »Wiener Kassandra« einbringen. Und ihr Pessimismus ist berechtigt: Die Weltwirtschaftskrise – unmittelbar ausgelöst durch den »Schwarzen Freitag« an der New Yorker Börse Ende Oktober 1929 – trifft das kleine Österreich hart. Die Arbeitslosigkeit nimmt katastrophale Ausmaße an. Reiche werden arm, Spekulanten reich. Der Großteil der (noch) wohlhabenden Wiener Bevölkerung jedoch feiert weiterhin ausgelassene Partys. »Die Inflation hat eingesetzt, Millionäre schießen aus dem Boden und Banken brechen zusammen, niemand hat mehr Vermögen, viele haben keine Arbeit, trotzdem tanzt man in Wien, man tanzt des Nachts umso wilder, je weniger man sicher sein kann, am nächsten Morgen noch sein Mittagsmahl bezahlen zu können«[7], beschreibt die Schriftstellerin Hilde Spiel die Situation. Und ihr Kollege Stefan Zweig liefert als Erklärung für die überfüllten Vergnügungslokale, Bars und Theater: »Eben durch das Unerwartete, daß das einstmals Stabilste, das Geld, täglich an Wert verlor, schätzten die Menschen die wirklichen Werte des Lebens – Arbeit, Liebe, Freundschaft, Kunst und Natur – um so höher, und das ganze Volk lebte inmitten der Katastrophe intensiver und gespannter als je.«[8]

1933 löst sich das österreichische Parlament nach einer politischen Krise selbst auf, Bundeskanzler Dollfuß – seit knapp einem Jahr im Amt – nutzt diese Gelegenheit zur Übernahme diktatorischer Vollmachten. Der »Millimetternich«, wie er wegen seiner Körpergröße spöttisch genannt wird, regiert mit Sondergesetzen. »Die Ratten betreten das sinkende Schiff«, lästert Karl Kraus, als nach Hitlers Machtübernahme viele deutsche Flüchtlinge Zuflucht in Österreich suchen. Im Februar 1934 setzen sich die Sozialdemokraten mit einem bewaffneten Aufstand gegen das austrofaschistische Regime zur Wehr. Es kommt zum Bürgerkrieg. Die Kämpfe dauern drei Tage, nach denen die Sozialdemokratie vernichtet ist.

In den Salons zeichnen sich in dieser Zeit unterschiedliche politische Richtungen ab. Alma Mahler –

jetzt verheiratete Werfel – scheut sich nicht, ihre Tür den Regierungsmitgliedern und den fragwürdigen Kulturpolitikern der »Vaterländischen Front« zu öffnen. Dass deren Gesinnungsgenossen in Deutschland auch die Bücher ihres Mannes Franz Werfel verbrennen, dass dort die Musik ihres ersten Mannes Gustav Mahler verboten wird und das von ihrem zweiten Mann Walter Gropius gegründete Bauhaus als »Quelle entarteter Kunst« gilt – all dies scheint Alma Mahler-Werfel nicht einmal zu irritieren. Doch auch Werfel hat sich unter ihrem Einfluss mittlerweile vom Revolutionär zum klerikalen Romantiker gewandelt. Politische Fragen gehören nicht mehr zu den heiß diskutierten Themen im Hause Mahler-Werfel – ganz im Gegensatz zu der Zeit, als sie sich kennengelernt haben.

Nach ihrem ersten Zusammentreffen mit dem elf Jahre jüngeren Dichter aus Prag hatte Alma Mahler 1917 in ihr Tagebuch geschrieben: »Werfel trat zuerst sehr vehement für die Sozialdemokratie ein, aber im Laufe des Abends wurde er besser, freier, lockerer. Und da ich seine Gedichte liebe, von denen ich eines auch vor zwei Jahren vertont habe, fühlte er sich gleich sehr zu Hause.« Die Schriftstellerin Gina Kaus, die Werfel schon länger kennt, schreibt in ihren Erinnerungen: »Damals, ehe er Alma Mahler begegnete, war er vom Katholizismus weit entfernt; er war kein Zionist, aber jüdische Dinge lagen ihm am Herzen und auf der Zunge, er war ein Kommunist ohne Parteizugehörigkeit, er haßte alles Bourgeoise, er verabscheute den Krieg.«[9]

Aber Alma – geborene Schindler, verwitwete Mahler, geschiedene Gropius, verheiratete Werfel –, die Tochter

Alma Mahler, 1909

aus gutem Wiener Künstlerhaushalt, die bereits mit zwanzig Goethe, Nietzsche und Platon gelesen hat, hätte am liebsten den Kaiser zurück und meint, man könne sich am besten schützen, wenn man sich aus der Politik raushält. Doch antisemitische Anwandlungen sind ihr keineswegs fremd – nicht einmal nach zwei jüdischen Ehemännern. Es ist erstaunlich, dass Berta Zuckerkandls Freundschaft zu ihr trotz dieser gegensätzlichen Standpunkte nie ernsthaft gelitten hat.

Um gesellschaftliche Konventionen schert sich Alma Mahler wenig. Als sie Franz Werfel kennenlernt, wird die 38-Jährige immer noch eher als Witwe Gustav Mahlers gesehen, obwohl dieser seit sechs Jahren tot und sie auf dem Papier bereits seit zwei Jahren Frau Gropius ist. Aber die Beziehung mit dem Berliner Architekten ist schon im Zustand einer »müden Dämmerehe«, und so verbringt Mahler mit Werfel »glorreiche Nächte« und bekennt sich zu diesem lebensfrohen »Franzl« vor der Wiener Gesellschaft, die ohnehin einiges von ihr gewohnt ist: vor ihrer ersten Ehe eine Liaison mit Gustav Klimt, nach dem Tod Mahlers einige Affären, dann eine leidenschaftliche Beziehung zu Oskar Kokoschka, die Alma 1912 mit dem sieben Jahre jüngeren Maler beginnt, bevor sie 1915 Gropius heiratet. Dazu zwei Töchter – Anna aus der Ehe mit Mahler und Manon Gropius.

Alma ist eine Grande Amoureuse, die sich als Motor der sie verehrenden Künstler empfindet. Ihre eigene Kunst, das Komponieren, ist schon in der Zeit mit Gustav Mahler auf der Strecke geblieben. Seitdem gilt ihre Leidenschaft der Entdeckung und Förderung von (männlichen) Genies, und sie beweist dabei enormen

Kunstverstand sowie einen bedingungslosen Glauben an den Aufgespürten. »Dieser Glaube war vielleicht der einzige, den sie wirklich ernst nahm ... Wenn sie von jemandes Talent überzeugt war, ließ sie für dessen Inhaber – mit einer oft an Brutalität grenzenden Energie – gar keinen andern Weg mehr offen als den der Erfüllung. ... Erfolg betörte sie, aber Erfolglosigkeit beirrte sie nicht. Ihre Einsatzfreude, ihre Hingabe, ihre Aufopferungsfähigkeit kannte keine Grenzen und mußte schon deshalb faszinierend und aneifernd wirken, weil sie nichts von kritikloser Vergötterung an sich hatte, weil ihre Urteilskraft sich durch nichts vernebeln ließ.«[10]

Und diese selbstbewusste Frau mit der magischen Anziehungskraft sieht das alles durchaus eigennützig: »Jedes Genie ist mir gerade der rechte Strohhalm ... als Beute für mein Nest.« Wer von ihr als Genie erkannt ist, darf sich sonntagabends in ihrem Salon einfinden: in ihrem weitläufigen Landhaus auf dem Semmering, zwei Fahrstunden von Wien entfernt, oder in ihrer Stadtwohnung, die auch sie ganz im Stil der Sezession eingerichtet hat. Selbst in den kargen Nachkriegsjahren, als die Lebensmittel rationiert werden und es kaum Butter, geschweige denn Fleisch gibt, bleibt ihr Haus gastfreundlich. Im roten Musiksalon, der gut 20 Gästen Platz bietet, empfängt sie in ihrem langen Goldlaméekleid vorwiegend die Musik- und Literaturszene. Mahlers Witwe und Nachlassverwalterin ist im Musikleben der Stadt ein nicht zu unterschätzender Machtfaktor. Die Schönbergs kommen, Olga und Arthur Schnitzler, Helene Berg und ihr Mann Alban, der Alma seine Oper *Wozzeck* widmet, die ihm den internationalen Durchbruch bringt.

Nach dem Krieg lebt Alma Mahler in Wien mit Werfel zusammen; sie möbelt den nachlässigen, gemütlichen »Pampuschen-Poeten«, wie Olga Schnitzler ihn nennt, ordentlich auf, schickt ihn zum besten Schneider Wiens und lässt seine widerborstige Mähne ondulieren. Er darf ihr immer erst unter die Augen treten, wenn er etwas zu Papier gebracht hat. Kaffeehausbesuche – noch immer Werfels Leidenschaft – werden gestrichen. Die Disziplinierungsmaßnahmen fruchten, der Mann produziert mit beachtlichem Erfolg. Diese Fähigkeit Almas hat er schon früh erkannt: »Almitschka, lebe für mich! Ich sehe meine Zukunft nur in Dir! Ich möchte Dich heiraten! Und nicht nur aus Liebe! Sondern aus der tiefen Erkenntnis, daß, wenn es einen Menschen auf Erden gibt, der mir Erfüllung bringen und mich zum Künstler machen kann, Du allein dieser Mensch bist«, schreibt Werfel ihr 1919 in einem Brief. In späteren Jahren sagt er mal zu einem Freund: »Wenn ich der Alma nicht begegnet wär', hätt' ich noch ein paar gute Gedichte geschrieben und wär' selig verkommen ...«

Im Juli 1929 heiraten die beiden. Mahlers Bedingung, seinen Austritt aus der jüdischen Gemeinde, erfüllt Werfel nach langem Zögern. Die väterlichen Verpflichtungen gegenüber Anna und Manon hat er von Anfang an gern erfüllt. Bei der inzwischen erwachsenen Anna holt er sich nun Trost und Rat, wenn Alma, die Unberechenbare, ihm mal wieder zugesetzt hat. Am Vorabend ihrer Hochzeit schreibt Alma in ihr Tagebuch: »Mir geht es körperlich nicht gut. Ein Versagen auf der ganzen Linie. Die Augen wollen nicht mehr. Die Hände verlangsamen ihre Gangart übers Klavier. Ich vertrage

Alma Mahler-Werfel und Franz Werfel

kein Essen – kein Stehen – kein Gehen. Höchstens noch Trinken ... Ich werde in einigen Wochen fünfzig Jahre alt – und Franz Werfel ist jung. Ich muß schritthalten, muß Jugend heucheln.«

Nach der Hochzeit kauft Alma Mahler ein 28-Zimmer-Haus auf der Hohen Warte im Nobelbezirk Döbling. Die Wiener Prominenz kommt natürlich zur Einweihung. Wer auf sich hält, muss sich hier sehen lassen. Werfel gilt inzwischen als der bekannteste Schriftsteller Österreichs. Dazu hat insbesondere sein historischer Roman *Die vierzig Tage des Musa Dagh* über die

Ermordung und Deportation des armenischen Volkes beigetragen. Klaus Mann, der Deutschland Anfang 1933 verlassen hat und immer mal wieder einige Tage in Wien verbringt, wo er sich dann ebenfalls auf der Hohen Warte einfindet, schreibt über diese Zeit: »Regierung, Kirche, Diplomatie, Literatur, Musik, Theater – es war alles da. Die Hausfrau, hochgewachsen, sorgfältig geschmückt, von immer noch schöner Miene und Gestalt, bewegte sich triumphierend vom Päpstlichen Nuntius zu Richard Strauss oder Arnold Schönberg, vom Minister zum Heldentenor, vom stilvoll vertrottelten alten Aristokraten zum vielversprechenden jungen Dichter. In einer Ecke des Boudoirs wurde im Flüsterton über die Besetzung eines hohen Regierungspostens verhandelt, während man sich in einer anderen Gruppe über die Besetzung einer neuen Komödie am Burgtheater schlüssig ward.«[11]

Auch Karola und Ernst Bloch leben in den Jahren 1934/35 in Wien, bevor sie nach Frankreich emigrieren, und sind gelegentlich auf der Hohen Warte eingeladen. Karola Bloch, Architektin und politisch aktiv für die KPD – »Du machst zu meiner Philosophie die Praxis«, wie es ihr Mann einmal ausdrückt –, erinnert sich: »Frau Alma, noch immer gutaussehend, verbarg ihre Korpulenz unter langen Roben, ging dekorativ von einem Gast zum anderen und sagte jedem ein paar passende Worte. Anna Mahler half bei der Bewirtung, bot auf großen Tabletts köstliche belegte Brote an. Unter den Möbeln im großen Salon sah man auch einen Stahlsessel. Anna sagte schmunzelnd zu uns: ›In diesem Haus hat alles seine Spuren hinterlassen.‹«[12]

In der Tat: Gustav Mahlers Partituren liegen in Glasvitrinen aus, eine Mahler-Büste von Rodin ist im Empfangsraum geschickt platziert, Bilder Kokoschkas zieren die Wände, und besagter Stahlsessel – ein Relikt aus Almas Zeit mit Walter Gropius.

Der Schriftsteller Elias Canetti ist neugierig auf die Frau des Hauses, »weil überall in Wien auf die penetranteste Weise von der Alma Mahler die Rede« ist. Er lässt sich Anfang der Dreißigerjahre regelmäßig auf der Hohen Warte blicken, weil er sich in Tochter Anna verliebt hat, ist von der Mutter jedoch gar nicht angetan. »Eine ziemlich große, allseits überquellende Frau, mit einem süßlichen Lächeln ausgestattet und hellen, weit offenen, glasigen Augen. Ihre ersten Worte klangen so, als hätte sie schon lange auf diese Begegnung gewartet, denn was hatte sie nicht schon alles von einem gehört … Sie ließ sich nieder, mit einem vertraulichen Blick wurde einem bedeutet, daß man sich nah neben sie setzen sollte.«[13] Die Dame ist seit früher Jugend auf einem Ohr fast taub, was sie aber immer zu kaschieren sucht, ihre einst hoch gepriesene Schönheit ist vielleicht auch verblasst, und bei Mahler-Werfels wird gern und viel gegessen, zudem trinkt Alma oft schon morgens ihren Kräuterlikör – und außerdem kann Canetti bei Anna Mahler nicht so richtig landen …

Auch wenn Alma Mahler-Werfel in ihrem Haus am liebsten nur die schönen Künste pflegen will, holt die politische Realität sie doch ein. Aufgrund des wachsenden Antisemitismus in den deutschsprachigen Ländern wird der jüdische Autor Werfel kaum noch zu Lesereisen eingeladen. Schließlich werden seine Lesungen in Deutschland verboten. 1938 reisen die Eheleute gerade durch Italien, als sie die Nachricht erreicht: Kanzler Schuschnigg bei Hitler in Berchtesgaden. Der Anschluss Österreichs an Deutschland steht unmittelbar bevor. Werfel kann nicht mehr nach Wien zurück. Frau Alma fährt allein, hebt alles verfügbare Geld von der Bank ab, näht es in einen Gürtel und verlässt mit Tochter Anna das Land.

Im französischen Exil treffen Mahler-Werfels auch ihre alte Freundin Berta Zuckerkandl. Viele ihrer Bekannten haben flüchten müssen und treffen sich in Paris, wo die Journalistin ihr geselliges Leben zunächst wieder aufgenommen hat. Hier verfasst sie ihre Memoiren, die 1939 in Stockholm erscheinen. Als deutsche Truppen in Frankreich eindringen, schlägt sich die über 70-jährige Zuckerkandl teils zu Fuß nach Südfrankreich durch; von dort folgt sie ihrem Sohn nach Algier. Im Oktober 1945 stirbt sie und wird auf dem Pariser Friedhof Père Lachaise beerdigt.

Alma Mahler und Franz Werfel gehören zu den Privilegierten, die auf Initiative Eleanor Roosevelts ein amerikanisches Einreisevisum erhalten. Die Ehefrau des amerikanischen Präsidenten sorgt dafür, dass einer Handvoll Flüchtlingen mit bekannten Namen sogenannte Emergency-Visa ausgestellt werden. Mahler-Werfels lassen sich in Beverly Hills nieder und führen auch dort wieder ein großes Haus, in dem viele Emigrantinnen und Emigranten verkehren. Nach Werfels Tod 1945 zieht seine Witwe nach New York. 1960, vier Jahre vor ihrem Tod, erscheint ihre Autobiografie *Mein Leben,* in der Alma Mahler-Werfel sich als die meistbewunderte Frau des Jahrhunderts schildert.

Eugenie Schwarzwald

Herzensfreundin

Eugenie Schwarzwald ist im März 1938 auf Vortragsreise in Dänemark und will sich dort zudem einer Krebsoperation unterziehen. Sie ahnt nicht, dass sie nie wieder nach Wien zurückkehren wird. Kurz vor ihrer Emigration zwei Monate später schreibt sie: »Mein Haus in Wien ist weg, das in Grundlsee muß schleunigst verkauft werden. Gerettet wird nichts, aber das macht mich nicht so traurig, als der Verlust meines Lebenswerkes und die gegenwärtige Trennung.« Ihr Lebenswerk: Das sind die Schwarzwaldschulen und viele soziale Einrichtungen sowie ihre Pionierarbeit in der Mädchenbildung.

Der Wiener Gesellschaft macht sich Dr. Eugenie Schwarzwald um die Jahrhundertwende bekannt: Als erste Schuldirektorin der Stadt übernimmt sie das Mädchenlyzeum am Franziskanerplatz – und sorgt mit ihren unkonventionellen Lehrmethoden für Wirbel.

Eine Mittelschule mit Mädchen und Jungen in einer Klasse, Weiterbildungskurse, schließlich sogar Abiturklassen für Mädchen – diese Grundzüge von Schwarzwalds Frauenförderung ergänzen das Kernstück ihrer Pädagogik, die schöpferische Erziehung. Dazu gehören angstfreies Lernen, Lehrerinnen als Verbündete, Besuche im Burgtheater und in der Oper, manchmal eine Party. Nach dem Motto »weniger ist mehr« rät Fraudoktor – wie sie in Wien heißt – ihren Schülerinnen zu praktischer Kleidung, befreit sie von Fischbeinstäben, Hüfthalter und der Idee, viel Geld mache glücklich. Das

Bildungsangebot richtet sich vornehmlich an Töchter aus gutbürgerlichen Familien, und innerhalb weniger Jahre avanciert die Schwarzwaldschule zur ersten Adresse in Sachen Chancengleichheit für Mädchen.

Aber nicht nur als energische Schulleiterin macht Eugenie Schwarzwald von sich reden. Im Hof eines alten Bürgerhauses in der Josefstadt bewohnt Genia, wie sie sich selbst nennt, ein kleines, palaisartiges Gartenhaus. Hier führt sie einen unorthodoxen Salon, in dem Wiener Berühmtheiten ein- und ausgehen. JournalistInnen, KünstlerInnen, auch Schülerinnen und Ehemalige der Schwarzwaldschule – sie alle genießen die liberale Atmosphäre, die Menschen unterschiedlichster politischer Auffassungen und Nationalitäten hier zusammenführt. Viele finden sich auch im Sommer am Grundlsee in Schwarzwalds Ferienhaus ein, das sich dann immer für einige Monate in eine Art Künstlerkolonie verwandelt.

Aus Schülerinnen werden Freundinnen, aus Freunden Geschäftspartner; geschickt verbindet Genia Schwarzwald schulische und gesellschaftliche Aktivitäten mit persönlichen Ambitionen. Ihr Gespür für Menschen und Talente führt auch zur Anstellung des umstrittenen Oskar Kokoschka als Zeichenlehrer. Allerdings nur so lange, bis die Schulbehörde interveniert, denn: »Genies sind im Lehrplan nicht vorgesehen.«

Genia hat ein großes Herz, auch in den harten Kriegs- und Nachkriegsjahren. Bei den Schwarzwalds gibt es immer etwas zu essen und stets anregende Gespräche. »Ich habe niemals mehr in meinem ganzen Leben so gastfreundliche Menschen, wie es die Schwarzwalds waren, getroffen«, sagt die Tänzerin Elsie Altmann-Loos. »Ihre Freigebigkeit kannte keine Grenzen. Niemand verließ hungrig ihr Haus, und wer kein Dach über dem Kopf hatte, konnte bei ihnen auf einem Sofa schlafen, ohne Angst zu haben, lästig zu fallen.«[14] Wer Alkohol trinken möchte, muss ihn selbst mitbringen, Schwarzwalds sind Antialkoholiker. So hat ihre Freundin Karin Michaelis stets einen Apothekerkasten mit einer Auswahl kleiner Schnaps- und Likörfläschchen dabei, aus dem sich auch andere Gäste bedienen. Die dänische Schriftstellerin Michaelis ist Reisende in Sachen Frauenrechte, eine Globetrotterin, die überall in Europa Freundinnen hat.

Zeit ihres Lebens pflegt Genia Schwarzwald intensive Frauenfreundschaften: In ihrem Salon treffen sich stadtbekannte Künstlerinnen, in ihrem Gartenpalais logieren Schriftstellerinnen aus ganz Europa, ehemalige Schülerinnen besuchen sie, und all diese modernen, selbstständigen Frauen genießen das lebendige Flair in dem offenen Haus. Die österreichische Schriftstellerin Hilde Spiel, eine der vielen berühmt gewordenen Schwarzwaldschülerinnen, nennt Genia einen der »tatkräftigsten Menschen der Epoche«.

Nach einer Kindheit mit jüdischen Traditionen in einem privilegierten Elternhaus, das ihr eine gehörige Portion intellektueller Neugier, Selbstvertrauen und Durchsetzungskraft mitgibt, besucht Genia das Lyzeum in ihrer Heimatstadt, dem multikulturellen Czernowitz in der Bukowina. Das anschließende Lehrerinnenseminar verlässt sie aber nach drei Jahren, denn »in solchen Kleidern, mit einer solchen Haartracht konnte man nicht jung sein. Unser Geist trug ein Fischbeinkorsett und in unsere Herzen gruben sich Metallschienen. Wer so aussah, konnte weder denken noch fühlen ... War man reich, wartete man auf einen Mann ... Die Zwischenzeit zwischen Schule und Ehe wurde eben vertrödelt, weil es nicht lohnt, einen Zustand, der keine Dauer verspricht, zu füllen. War man arm, dann wartete man erst recht auf einen Mann, denn er war der einzige Gewinn in der Lebenslotterie.«[15]

Auf diese Aussichten ist Genia keinesfalls erpicht. Die zierliche 20-Jährige mit den wilden Locken und dem unbändigen Temperament will auf keinen Fall heiraten. Sie will studieren – eine kühne Idee in einer Zeit, die Hochschulbildung im Grunde nur Männern bietet. So geht sie 1894 zum Germanistikstudium nach Zürich, der einzigen Stadt Europas, die Frauen zur Hochschule zulässt. Und gehört damit zu den Pionierinnen des Frauenstudiums. Genia hat neue Ideen zum Thema Chancengleichheit. Ihre Kontakte zur organisierten Frauenbewegung sind aber eher sporadisch.

In dieser »glückhaften Studienzeit« des internationalen Klimas in der Schweizer Hauptstadt ernährt sich Genia von Brot, Konfitüre und Sprüngli-Schokolade, gibt Unterricht und übersetzt ukrainische Texte ins Deutsche. »Die nachhaltigste Wirkung aber übten die heftigen, unlogischen Gespräche in meinem kleinen Zimmer, das nur vier Personen faßte, aber gewöhnlich vierzehn enthielt. Bei Tee, auf einem merkwürdig unzulänglichen Spirituskocher, der aber nur selten explodierte, bereitet, getrunken aus Gläsern, die die Gäste in der Tasche mitgebracht hatten, wurden Gespräche geführt, so leidenschaftlich heftig, als hinge das Heil der Welt davon ab«, erinnert sie sich 1928 in einem Artikel für die *Neue Zürcher Zeitung*.[16]

1900 promoviert sie, zieht nach Wien und heiratet kurz darauf Hermann Schwarzwald, Sektionschef und wichtigster Mann gleich nach dem Finanzminister. Zusammen mit den Schwarzwalds lebt Marie Stiasny – und niemand macht ein Geheimnis aus dieser Ménage-à-trois. Zu der Wohngemeinschaft in der Josefstädter Straße gehören noch drei weitere Frauen, darunter die Köchin und eine Sekretärin.

»Genia gehörte nicht zu denen, die sich vorsichtig und still durch den Dschungel des Lebens schlichen, oder gar schlängelten. Alles an ihr war herausfordernd: Kleider, Auftreten und Ansichten, eine ›Dame‹ war sie sicher nicht«, meint eine Freundin. Schwarzwald trägt weite Reformkleider, kurze Haare und weigert sich entschieden, ein Korsett zu tragen. Die junge Alice Herdan-Zuckmayer fühlt bei ihr zum ersten Mal »eine Brust und einen Bauch atmen, kein Panzer aus Fischbein, nur ein Stück Stoff war zwischen uns«. Aber vermeintlich Exzentrisches wird in Wien nicht so selbstverständlich hingenommen. In einem Zeitungsartikel schreibt Genia Schwarzwald 1927: »Ich hatte unvorsichtigerweise das Doktorexamen gemacht, also mußte man mit mir über Wert und Unwert des Frauenstudiums sprechen. Ich trank keinen Alkohol, die ganze Tischgesellschaft mußte sich also bemühen, mich zu ihm zu bekehren, während ich nicht den leisesten Versuch machte, die Abstinenz zu predigen. Die Tatsache meines Nichtrauchens hat mir Tausende von Reklamationen eingetragen. Was

Turnunterricht über den Dächern von Wien:
Schülerinnen der Schwarzwaldschule

ich im Jahre 1904 gelitten habe, weil ich damals den gleichen Kittel trug, der erst heute modern ist, und wie oft meine kurzgeschnittenen Haare im Jahre 1914 den Gesprächsstoff ergeben haben, geht auf keine Kuhhaut.«[17]

Die Schwarzwaldschule residiert mittlerweile in den obersten Stockwerken über dem Café Herrenhof. Unten treffen sich zukünftige Genies der Literatur und ewige Schreiberlinge, auf dem Dachgarten treiben die Schülerinnen Sport und haben ihr Vergnügen.

Ende 1926 berichten alle Wiener Zeitungen über Fraudoktor: Die Schwarzwaldschule feiert 25-Jähriges! Der Stadtschulrat lobhudelt: »Die Leiterin und Begründerin der Schwarzwaldschulen pflegt durchzusetzen, was sie sich vorgenommen hat.« Dabei kämpft

Genia Schwarzwald zeitlebens für die Anerkennung ihres Schweizer Doktortitels und damit auch ihrer rechtlichen Funktion als Schulleiterin.

Die »Jeanne d'Arc des Schulwesens« schreibt für Wiener, Berliner und viele Schweizer Zeitungen, spricht im Rundfunk, hält Vorträge bei gelegentlichen Auslandsreisen – und schafft ein riesiges Sozialwerk, wie Sommerheime und Volksküchen. »Doch weiß ich sehr genau, daß ein großer Teil der Wiener Bevölkerung rundweg verhungert wäre, ohne ihre unermüdliche Werk- und Hilfetätigkeit, ihre glühende Bereitschaft, ihre außerordentliche Kühnheit und Konsequenz. Sie wußte Nahrungsmittel zu beschaffen, wo eine Ratte nichts mehr für ihre leeren Eingeweide fand … Sie antichambrierte bei den Großkapitalisten und den Behörden; sie kommandierte die Zeitungsredaktionen; sie bändigte Reporter«, begeistert sich der Schriftsteller Jakob Wassermann. »Sie befeuerte ihre Freunde, erstickte den Widerspruch der Feinde, nahm die Trägen ins Schlepptau, daß die Ketten weithin rasselten.«[18]

All dieses muss Genia Schwarzwald zurücklassen, als sie 1938 in die Schweiz emigriert. Die Operation in Dänemark kann sie nicht mehr retten. 1940 stirbt sie in Zürich.

»Sorgenlos, heiter, voll beschwingter Anmut«:
Grete Wiesenthal

TÄNZE AM RANDE DES VULKANS

Walzer, Masken und Dämonen

»Wenn ich sehe, wie junge Damen, die mir persönlich nahe stehen und die ich in ihrem Berufe oder im Haushalt als tüchtig und zuverlässig kennengelernt habe, wie von Furien getrieben, gleichfalls dem Tanzboden zueilen, dann übermannt mich ein tiefes Bedauern«, klagt 1921 ein Zeitungsredakteur. Die weibliche Parkettrevolte hat begonnen. »Tanzen und in Ekstase leben« ist die neue Losung im Nachkriegseuropa. Foxtrott und Shimmy erobern Anfang der Zwanzigerjahre auch die Wiener Tanzböden. Dann folgt der Charleston, mit X-Beinen und beherztem Einsatz von Hüfte und Po.

Sämtliche Modetänze dieser Zeit kommen aus Amerika und haben afrikanische Wurzeln. Die Königin des Charleston ist Josephine Baker. Mit ihrer *Revue Nègre* macht sie ihn in Europa populär und gibt in Wien 1925 ein Gastspiel mit Bastrock und Bananen. »Ihr Tanz«, heißt es in der Presse, »das ist Instinkt gegen die Zivilisation, ist Aufruhr der Sinne. Sie enthüllt uns jenes Unterbewußte, das unsere Weltanschauung über den Haufen wirft.«

Die Erotik der Jazztänze heizt in den Varietés und Revuetheatern das Wiener Nachtleben an. Anita Berber, die in Berlin für jeden Skandal gut ist und zum ersten Sexsymbol der Weimarer Republik wird, sorgt 1922 mit der Premiere ihrer *Tänze des Lasters, des Grauens und der Ekstase* in Wien für Schlagzeilen. Die Londoner Tiller-

Girls, dieses »Wesen mit 36 Beinen«, haben mehrere Revueauftritte an der Donau.

Die Amerikanerin Isadora Duncan hat 20 Jahre zuvor schon die Moralvorstellungen des Wiener Bürgertums ins Wanken gebracht. Ungeschnürt und barfuß tritt sie 1902 in der Wiener Sezession auf. Wie zuvor in Chicago und New York fegt sie mit zurückgeworfenem Kopf und wehender Tunika über die Bühne, eine Wegbereiterin der Freikörperkultur und Reformkleidung. Viele junge Wienerinnen sind begeistert von Duncans Alternative zum klassischen Ballett mit seinen unnatürlich verstellten Gliedmaßen und dem verkrümmten Skelett.

Auch die Schwestern Wiesenthal hat es gepackt, sie verhelfen mit ihren Auftritten dem Tanz zu neuen Sprüngen. 1907 haben sie als Ballettelevinnen die Oper verlassen, sie wollen nicht in erstarrten Formen das immer gleiche Repertoire abspulen, sondern Spontaneität und Persönlichkeit zum Ausdruck bringen. In der Tanzszene spiegelt sich die Widersprüchlichkeit der Zeit: klassisch starr und konventionell das Ballett an der Hofoper gegenüber dem kreativen Aufbruch der Reformtänzerinnen – junge Frauen, die von Selbstentfaltung träumen, von Unabhängigkeit und Emanzipation und einem selbstbestimmten künstlerischen Weg ohne Spitzenschuhe und angepasste Korsage.

Im vornehmen Kabarett Fledermaus versammelt sich im Januar 1908 ein illustres Publikum. Österreichischer Adel, Künstlerinnen, Künstler und kunstbegeistertes Bürgertum blockieren mit ihren Wagen und Equipagen die Kärntner Straße, das kleine Theater füllt sich bis auf den letzten Platz. Was die Zuschauerinnen und

Zuschauer zu sehen bekommen, reißt sie zu Begeisterungsstürmen hin: Drei junge, elfenhaft zarte Mädchen tanzen Walzer – in vollendeter Harmonie und Natürlichkeit, weit entfernt von der Künstlichkeit der Ballettbühnen. Als Grete Wiesenthal in einem weiten Gewand aus grüner Seide, mit wehenden braunen Haaren den Lieblingswalzer der Wiener *An der schönen blauen Donau* tanzt, gibt es frenetischen Applaus. Mit diesem Tanzabend werden die Schwestern Grete, Elsa und Berta über Nacht zu einer Sensation. Alle wollen die Wiesenthals tanzen sehen. Bald füllen sie den großen Wiener Konzerthaussaal, es folgen Gastspiele in Budapest, Prag, London, Paris und Berlin. In wenigen Jahren werden sie international berühmt. Mit ihren Walzervarianten gelingt es dem »Schmetterling« Grete Wiesenthal, den Tanz außerhalb der Hofoper salonfähig zu machen. Besonders sie, die Älteste, wird zum »Symbol des damaligen Lebens: sorgenlos, heiter, voll beschwingter Anmut«.

Für Gertrud Bodenwieser ist es durchaus kein Widerspruch, den Walzerwunsch des Wiener Publikums zu erfüllen und im gleichen Programm ernste Themen und expressionistische Formen zu tanzen. Diese freie Szene fasziniert sie: Die moderne Kunst provoziert, verstößt gegen althergebrachte frauen- und körperfeindliche Traditionen und propagiert das neue Frauenbild. Bodenwieser wird in wenigen Jahren zur profiliertesten Vertreterin des Freien Tanzes in Wien. »Neu, bedingungslos neu war alles, was uns die Künstlerin bot. Wir sahen hier erstmalig dasjenige im Tanze zur

Geltung kommen, was der Malerei, der Dichtkunst und der Musik der Jungen schon seit einiger Zeit eigen ist: die bedingungslose Abkehr von allem Überlieferten und das ehrliche Suchen nach neuen, rein persönlichen Ausdruckswerten.«[1]

Die zurückhaltende Bodenwieser wird schnell zur begehrten Lehrerin in Wien. An der Staatsakademie für Musik und darstellende Kunst unterrichtet sie Mimik und Tanz. 1922 gründet sie eine eigene Schule und beginnt ein Tanzensemble aufzubauen. Nach dem ersten Auftritt 1923 in Wien unternimmt die Gruppe jedes Jahr große Tourneen und wird zum festen Begriff in Österreich, Deutschland, Frankreich, Italien und der Tschechoslowakei. Nach Auftritten im Londoner Coliseum heißt es 1929: »Der eher schwere und oft bedrückende Intellektualismus Deutschlands, den der Krieg noch verstärkt hat, hatte in Wien keine Überlebenschance, hier entwickelte man leichtere, gefälligere und malerischere Züge. Im Gegensatz zu Wigman, die oft auf musikalische Begleitung verzichtete, wollten Bodenwieser und ihre Schülerinnen Tanz und Musik nicht trennen, obwohl sie bisweilen Schlaginstrumente verwendeten.«[2]

Die Tanzcrew ist eine reine Frauengruppe, alle Tänzerinnen sind »Frau Gertys« Schülerinnen, attraktiv und ästhetisch in ihren Bewegungen. Bodenwieser achtet bei ihren Tänzerinnen darauf, eine gute Mischung von Blondinen und Brünetten zu haben – und auch von Rothaarigen, wenn sie welche findet. Sind die Blondinen nicht mehr richtig blond, müssen sie ihre Haare wieder bleichen.

Die Hofoper und das Hotel Bristol

Die Tänzerin Hilde Holger ist eine Bodenwieserin der ersten Stunde. »Ich hatte das Glück, daß Bodenwieser meine Lehrerin war. Sie war wie ein Vulkan, aus dem die Ideen nur so herausbrachen. Sie war sehr inspirierend, und sie hat das Individuum nie übergangen. Sie hat es immer geschätzt und uns selbst schaffen lassen. Ich habe sehr viel von ihr gelernt.«[3]

Schon nach zwei Jahren Ausbildung wird sie Bodenwiesers Assistentin und reist mit ihr durch die großen Städte Europas. Als 18-Jährige gibt sie 1923 ihr Solodebüt im Haus der Wiener Sezession. Mit großem Erfolg tanzt sie zur Musik von Schubert *Die Forelle* – inspiriert von den Bewegungen des Weihnachtskarpfens in der Badewanne. Weitere Solovorstellungen folgen, dann der Gruppentanz *Dämon Maschine* als Bodenwieserin, »beeindruckend wie ein Besuch im Maschinenraum ei-

Mechanisches Ballett: Hilde Holger, um 1926

ner großen Fabrik«, mehrfach ausgezeichnet und immer wieder aufgeführt. »Bodenwiesers Idee, die beängstigenden Aspekte der Mechanisierung mit ihren gefährlichen Folgen für die Menschen in Bewegung umzusetzen, stachelte ihre Phantasie zu visionärer Glut an. Wir Tänzerinnen waren von ihren Vorschlägen sofort fasziniert.«[4]

1926 eröffnet Hilde Holger ihre eigene »Neue Schule für Bewegungskunst«. Sie will sich weiterentwickeln und selbst gestalten, interessiert sich für Kunst, Malerei, Literatur, Musik und Film, lernt die Wiener Avantgarde kennen. Um die fünfzig Schülerinnen hat sie, gründet bald die »Hilde Holger Tanzgruppe« und eine Kindergruppe. Ihre jüdische Herkunft, fremde Kulturen, die Kunst der Moderne, das russische Theater und die aufsehenerregenden Filme Sergej Eisensteins inspirieren sie zu Solotänzen wie *Javanische Impressionen*, *Golem* oder *Monotonie der Stadt*. Holgers Schule wird zu einem Zentrum des modernen Tanzes.

Beim Einmarsch der Nazis 1938 hofft Hilde Holger zunächst noch, in Wien bleiben zu können – trotz Schulschließung und Auftrittsverbot. Sechs Monate unterrichtet sie heimlich im Atelier eines Freundes im Hinterhof. Sie macht einen Heilmassagekurs, um mit dem Diplom in der Tasche finanziell über die Runden zu kommen. Aber sie muss erkennen: Ihre Situation als Jüdin ist lebensbedrohlich. In letzter Minute verschafft ein Bekannter ihr ein Visum für Indien. Zwei Koffer mit Kostümen, Büchern und Noten kann sie mitschleppen, Familie, Freundinnen und Freunde bleiben zurück – sie wird sie nie wiedersehen.

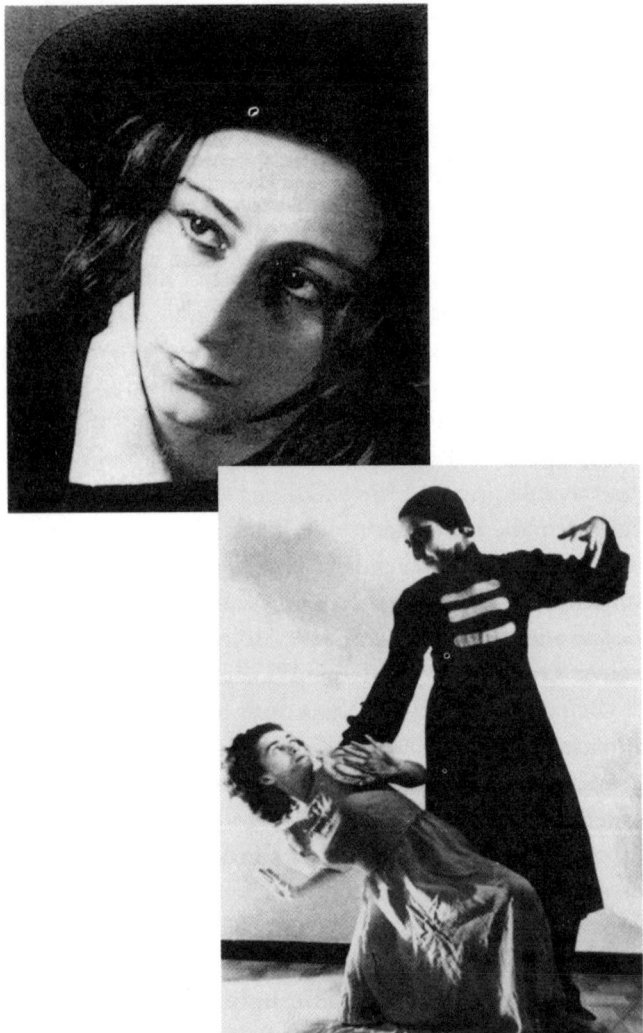

Gertrud Kraus in *Der jüdische Knabe* und in
Der Tod und das Mädchen

Das Steppenpferd

Die letzten Tage im April 1931 sind ziemlich heiß. Theaterdirektor Guriatchikow schwitzt heftig in seinem Anzug, als er im Hafen von Jaffa wartet, um die Wiener Tänzerin Gertrud Kraus in Empfang zu nehmen. Er hat die berühmte Künstlerin noch nie gesehen. Aber ihr internationaler Ruf und die Kritikerurteile haben ihm genügt, um die 28-Jährige per Vertrag nach Palästina einzuladen. Als Gentleman alter Schule will er sie persönlich mit einem Strauß Rosen willkommen heißen. Aber keine der Damen, die das Schiff verlassen, entspricht seiner Vorstellung von der großen Tänzerin.

Gertrud Kraus sucht derweil auf dem Kai nach ihrem Impresario – und beschließt, dass es der Herr mit den Rosen im weißen Anzug sein muss. Sie rückt ihre schwarze Baskenmütze zurecht, bindet ihr Halstuch fester und geht zu ihm. »Er erwartete eine große, hinreißend schöne Frau und schluckte, als er auf mich herunterschaute. Er war sicher, daß er pleite gehen würde wegen leerer Vorstellungen – wie sollte wegen mir auch nur eine Eintrittskarte verkauft werden?«[5]

Die Sorge des Impresarios ist unbegründet. Sechzehnmal tanzt Gertrud Kraus in ausverkauften Hallen, manchmal vor mehr als fünftausend Zuschauerinnen und Zuschauern. Es ist die erste ihrer vier Tourneen durch Israel, das damals noch Palästina heißt. Als sie 1935 wiederkommt, um für immer zu bleiben, bezeichnet sie das als ihre zweite Geburt.

Gertrud Kraus ist die erste prominente Wienerin des Modernen Tanzes, die das politische Klima der Dreißigerjahre in ihrer Heimatstadt nicht mehr aushält. »Freunde, mit denen man jahrelang in Kaffeehäusern gesessen hatte, wurden in politischen Diskussionen unerträglich. Der eine wurde Kommunist, der andere Nazi.«[6] In dem antisemitischen Wien sieht sie für ihre sozialkritischen Themen keinen Ort mehr.

Ihr offizielles Debüt gibt Gertrud Kraus 1924 in der Wiener Hofburg. Zuvor hat sie an der Staatsakademie Klavier studiert und als Pianistin den Tanzunterricht begleitet. Als die Lehrerin eines Tages am Ende der Stunde ihre Schülerinnen wie immer fragt, ob eine ihre eigenen Kompositionen zeigen möchte, springt Gertrud vom Klavierhocker auf, schleudert ihre Schuhe von sich und führt ihr erstes Solo vor. Es folgt ein verblüfftes Schweigen. Als Gertrud es nicht mehr aushält, packt sie ihre Noten zusammen und geht Richtung Ausgang.

›Warten Sie! Das war sehr interessant! Ich möchte gern darüber sprechen‹, ruft die Tanzlehrerin.

›Tut mir leid, die Pause war zu lang‹, erwidert Gertrud Kraus und geht.

Sie meldet sich zum Tanzunterricht bei Gertrud Bodenwieser in der Staatsakademie an. Schon bald wird die quirlige Dunkelhaarige in Bodenwiesers Tanzgruppe aufgenommen. Aber die Choreografien dort sind nicht nach ihrem Geschmack, sie findet sie zu extravagant, zu theatralisch. Und sie passt wohl auch nicht so recht in die Bodenwieser-Gruppe. »Das Steppenpferd« wird sie von ihren Kolleginnen genannt, deren Chefin ihre

Tänzerinnen auch immer nach äußeren Kriterien aussucht: Groß, schlank und gut aussehend müssen die Bodenwieser-Mädels sein.

Gertrud Kraus verlässt die Gruppe und bereitet ihren ersten Soloauftritt vor. Sie riskiert all ihre Ersparnisse und mietet einen der größten Konzertsäle Wiens in der Hofburg. Warnungen der Freundinnen entgegnet sie: »Wenn es ein Fiasko wird, soll es ein spektakuläres sein!« Es wird ein spektakulärer Erfolg. Die unbekannte Tänzerin wird über Nacht eine anerkannte Künstlerin.

1927 eröffnet die 24-Jährige ein eigenes Tanzstudio und gründet ihre »Tanzgruppe Gertrud Kraus«. Sie will nicht nur solo tanzen, sondern auch choreografieren. Zu unterrichten bietet zudem die Möglichkeit, von der Kunst zu leben – auch wenn es in Wien bereits unzählige Tanzschulen gibt. Lotti Huber, eine spätere Schülerin von Kraus, erinnert sich: »Es war eine wundervolle Zeit, eine Zeit des Aufbruchs im Tanz. Warum sollten wir uns quälen mit albernen Tutus, warum mit Röschen und Schleifen dekoriert herumtrippeln? Wir waren jung, fühlten uns stark, waren stolz auf unseren Körper, während die Generation vor uns körperscheu war und sich ihrer Nacktheit schämte ... Befreit von den Vorurteilen unserer Eltern, verstanden wir nicht, warum der Po eines Menschen unanständiger sein sollte als sein Kopf.«[7]

Gertrud Kraus ist mit ihren Produktionen bald bekannt als »die sozialkritische Tänzerin«. Ihre Auftritte brächten ein gesellschaftliches Problem zum Ausdruck, urteilen die einen. Kraus sei aufregend mit merkwürdig dunkler Leidenschaft, meinen andere Kritiker. Sie sehen in ihr die Inkarnation einer alten Tempeltänzerin: »Einst war sie Priesterin am Grab von Tutanchamun, heute verdient sie ihren Unterhalt mit Tanzen.«[8]

Der seltsame Gast heißt einer ihrer ersten Solotänze um einen dämonischen Geiger, eine Art Paganini. Sie kreiert diese Figur aus dem Gefühl der Ausgrenzung heraus – anwesend zu sein, aber nicht erwünscht. *Der müde Tod* ist ein sarkastischer Kommentar zum Massaker des Ersten Weltkrieges. Der in Lila gekleidete Tod ist erschöpft und weigert sich, noch mehr Menschenleben zu vernichten. Die Kritiken sind schon jetzt nahezu hymnisch. »Voll Leidenschaft wirft sie die tänzerischen Gestaltungen ihrer sturmgepeitschten Seele auf die Bühne, voll glühendster Sehnsucht reißt sie die Tore ihres Könnens auf. Aufpeitschend ist ihre Kunst, Wunden reißend, gebieterisch ihr Verlangen, in Schauer die Qualen einer fremden und doch, ach! so verwandten Seele mitzufühlen.«[9]

Nächtelang diskutiert Kraus mit befreundeten Künstlerinnen und Künstlern die politische Situation in Österreich, wo sich sozialistische und nationalistische Gruppen in den späten Zwanzigerjahren bewaffnete Straßenkämpfe liefern. Als Sozialistin engagiert sich die Tänzerin für die Belange der Arbeiterschaft.

1930 findet in München der Deutsche Tänzerkongress statt. Über 1400 Tänzerinnen und Tänzer, Choreografinnen und Ballettmeister aus aller Welt – alles was in der Szene Rang und Namen hat, ist hier vertreten. Der Kongress wird das größte und ambitionierteste Ereignis des Modernen Tanzes. Als »der erfreulichste Auftritt« wird Gertrud Kraus gefeiert. »Ich erlebte das größte rhythmische Glück seit vielen tausend Jahren. Ich sah die Tanzgruppe Gertrud Kraus aus Wien Ghettolieder tanzen, davon wurde das Herz schwer und feierlich, so schön bewegte sich der Traum von Klage und Zuversicht«, schreibt ein Kritiker im *Berliner Tageblatt*.[10] Auch ihre Schülerinnen und Schüler sind begeistert von Kraus' Dynamik und ihrer Fähigkeit, den Begriff »Ausdruckstanz« im wörtlichen Sinne zu verkörpern. Gertrud Kraus begleitet ihren Unterricht stets selbst am Piano, eine Meisterin der Improvisation, und wechselt dabei immer blitzschnell zwischen Klavierhocker und Tanzboden, um eine bestimmte Form vorzutanzen.

Eine ihrer letzten Choreografien, die sie vor ihrer Auswanderung nach Palästina in Wien herausbringt, ist *Die Stadt wartet* nach einer Kurzgeschichte von Maxim Gorki. Das Stück wird im März 1933 im Wiener Schlossgarten aufgeführt, genau an dem Tag, als Hitler in Berlin zum Reichskanzler gewählt wird. Ein bemerkenswertes Zusammentreffen – geht es in dem Stück doch um die sozialen Gegensätze in einer Großstadt und die Frage, was die Zukunft wohl bringen mag. Die Kraus-Gruppe geht mit dem Stück für mehrere Monate auf Tournee – in Deutschland. Hier ist ihre politische Einstellung natürlich bekannt und so werden ihre Aufführungen auch aufmerksam von den Nationalsozialisten verfolgt. Obwohl die Abende immer mit tosendem Applaus enden, wird die nervliche Belastung von Mal zu Mal unerträglicher. Gertrud Kraus weiß, dass sie diesen Teil der Welt verlassen muss, will sie ihr Leben retten. »Ich kam zurück nach Wien, aber kurz darauf schickte ich ein Telegramm, um ein Visum für Palästina zu beantragen. Ich wollte Europa nur hinter mir lassen.«[11]

Dora Kallmus, um 1925

STAR-FOTOGRAFINNEN

»Schauen und immer wieder schauen ...«

»Ich war begierig, sie kennenzulernen, denn in der Familie galt sie als unnahbar. Sie trug Kleider ihrer Freundin Coco Chanel, war sehr kapriziös und verschmähte die Steaks, die wir uns bestellten. Sie aß nur ›Früchte des Meeres‹, Austern, Hummer, Kaviar, und trank Champagner dazu. Jedermann schien sie zu kennen, die Kellner steckten ihr beim Weggehen diskret ein Paket mit Knochen für ihre Hunde zu.«[1] So schildert Dora Kallmus' Nichte ihre erste Begegnung mit der extravaganten Tante im Paris der Zwanzigerjahre. Im 17. Arrondissement hat die Fotografin gerade ihr zweites Atelier eröffnet. Paris wird nun ihr Hauptwohnsitz. Mit 44 Jahren startet sie ihre zweite Karriere. Das Kapitel Wien ist für sie 1925 – fast – beendet.

Prominentenporträts: Dafür ist das Atelier der Madame d'Ora – wie sich Dora Kallmus seit 1908 nennt – im ersten Wiener Bezirk berühmt. Sängerinnen, Schauspieler, Tänzerinnen, die Größen aus Kunst, Wissenschaft und Presse kommen zu ihr, aber auch zahlreiche Kundschaft aus wohlhabenden bürgerlichen Kreisen. Sie ist die Gesellschaftsfotografin par excellence. »Wer konnte, ging zu d'Ora. Wer konnte: das heißt, wer ihr gefiel und wen sie empfing.« Die Tänzerin Elsie Altmann-Loos, die Anfang der Zwanzigerjahre Stammkundin bei d'Ora ist, muss es wissen: »Sie ist klein und zierlich, gar nicht hübsch, aber ihre Persönlichkeit ist so stark, daß niemand auch nur auf die Idee käme, Schönheit bei ihr zu vermissen. Ihr Auftreten, ihre freudige Sicherheit überwältigen. ›Da bist du endlich, mein Schatz‹, sagt sie, beutelt mich bei den Haaren und küßt mich auf die Nase. Dann wühlen wir im Kostümkoffer herum: ›Das‹, sagt sie, ›das zieh an.‹ Dann sitze ich ruhig da – oder stehe und schaue hin, wo ich will und sie hüpft um ihren großen Photoapparat herum, guckt hinein, wechselt die Platte, spricht über alles Mögliche, lacht und ist stets gut aufgelegt. Trotz der schlechten Zeiten ... Und während man denkt, das wären alles nur Vorbereitungen zum Photographiertwerden, bist du schon längst konterfeit. Xmal hat sie geknipst und du hast es nicht gemerkt. ›Steige herab von deinem Thron‹, sagt sie, ›jetzt werden wir Café trinken.‹«[2]

Eine »Dompteuse« sei sie, heißt es in Wien, »keinen Augenblick läßt sie das Opfer aus dem Feuerwerk ihrer Konversation, einer wienerischen, keinen Ernst aufkommenlassenden Beredsamkeit.« Normalerweise herrscht in ihrem Atelier eine klare Arbeitsteilung. Dora Kallmus hat die Regie, bestimmt die Beleuchtung, unterzieht die Kleidung ihrer Kundschaft einer strengen Kritik, entscheidet, ob das Foto mit Hut oder ohne aufgenommen wird, drapiert Schleier, Tücher oder Pelze um das Modell, lässt Schmuck an- oder ablegen – und verwickelt sie die ganze Zeit über in ein anregendes Gespräch. Die Zeichen, die sie derweil mit ihrem Assistenten wechselt, bleiben von der Kundin unbemerkt. Arthur Bendas Aufgabe ist es, im richtigen Moment auf den Gummiball zu drücken, den Auslöser der großen Atelierkamera. Die Übereinstimmung zwischen der Regisseurin und ihrem »Operateur« funktioniert perfekt. Dora Kallmus und Arthur Benda sind in der Zeit ihres gemeinsamen Schaffens bis 1925 ein kongeniales Paar.

Kennengelernt haben sie sich im Berliner Atelier von Nicola Perscheid, dem Meister des Porträts, bei dem Dora 1907 ein Praktikum macht. Die Tochter aus großbürgerlichem jüdischen Elternhaus hat zunächst den Beruf der Modistin erwogen, entscheidet sich dann jedoch für die Fotografie. Aber das ist zu Beginn des 20. Jahrhunderts für Frauen gar nicht so einfach. Die Ausbildung an der Graphischen Lehr- und Versuchsanstalt in Wien ist ihnen noch verwehrt. Frauen und Technik, und dann noch in der Dunkelkammer? Unvorstellbar! Unschicklich! Immerhin darf Dora Kallmus per Sondererlaubnis die Theoriekurse belegen. »Man fand es genügend, mir als allererster Frau Zutritt zu den Vorträgen gestattet zu haben und hielt die chemischen Reagenzien von mir fern, als wären sie unanständige Witze.«[3]

Praxiserfahrung muss sie also woanders sammeln. Die Photographische Gesellschaft, die vor allem die Interessen der Berufsfotografen wahrnimmt, bietet ihr endlich die Chance. Wiederum mit Ausnahmegenehmigung wird sie 1905 dort aufgenommen – natürlich als erste Frau. Die anschließende Kurzausbildung bei Perscheid beendet sie bald, obwohl der Meister seine begabte Schülerin gern als Mitarbeiterin behielte. Die jedoch hat genug vom Kopieren, will sich weder unterordnen noch der Launenhaftigkeit ihres Lehrers weiter aussetzen, dem besonders die Eitelkeiten seiner weiblichen Kundschaft auf die Nerven gehen: »Er, Gegner der Retouche, also revolutionär für damalige Zeiten, begnügte sich, der jeweiligen Dame ein wenig die ›Suppe‹, so nannte er das Doppelkinn, mit dem Retouchiermesser wegzuschaben, aber leider genügte das dem Modell nicht. Die Frauen waren damals recht dick, waren unmäßig im Essen und wollten im Bild elfenhaft schlank erscheinen. Diese Dummheiten machten Perscheid ungeduldig ...«[4]

Dora Kallmus lernt immens viel bei ihm, geht im Sommer 1907 von Berlin zurück nach Wien und gründet ihr eigenes Atelier. Und sein bestes Stück hat sie mitgenommen: Arthur Benda, Perscheids Assistenten, den exzellenten Techniker.

Dora ist 26, Arthur erst 22 Jahre alt, als sie das Atelier d'Ora im Wiener Stadtzentrum eröffnet. In fotografischen Betrieben verdienen zwar viele Frauen ihren Lebensunterhalt als Hilfskräfte, doch dass sich eine Frau aus dem Großbürgertum als Unternehmerin selbstständig macht, ist noch die Ausnahme. Selbstbewusstsein und Geschäftstüchtigkeit sind also gefragt, und von beidem hat Dora Kallmus eine gehörige Portion. Unterstützt durch die vielfältigen Beziehungen ihrer Familie und ihres Freundes- und Bekanntenkreises aus der jüdischen Intelligenz ist das Atelier sehr bald erfolgreich. Die Schriftsteller Karl Kraus und Arthur Schnitzler, die Hotelbesitzerin Anna Sacher, der Maler Gustav Klimt und die Modistin Emilie Flöge, seine Partnerin, lassen sich dort fotografieren. Auch die Journalistin Berta Zuckerkandl, in deren Salon sich die Wiener Gesellschaft trifft, kommt von Beginn an oft zu ihr und vermittelt weitere Kontakte zu Persönlichkeiten des öffentlichen Lebens. Spätestens seit 1909, als die avantgardistische Kunstzeitschrift *Erdgeist* ihr ein

Schwerpunktheft widmet, ist es schick, sich bei d'Ora fotografieren zu lassen.

Sie arbeitet künstlerisch auf höchstem Niveau, revolutioniert aber keineswegs das Gewerbe. Als Besitzerin eines kommerziellen Ateliers nimmt sie Rücksicht auf den Geschmack ihres bürgerlichen Publikums, das keine künstlerischen Experimente will. Den Wunsch der Kundschaft nach repräsentativer Darstellung verknüpft Dora Kallmus jedoch mit dem jeweils Individuellen, Charakteristischen eines Modells, das sie in den Posen durchschimmern lässt: »Irgend eine Bewegung, irgend ein Faltenwurf, irgend eine Laune, eine Stimmung, irgend ein Ausdruck des Modells, irgend etwas, das einen Charakterzug klar in Erscheinung treten läßt.«[5] Denn eines hat sie bei Perscheid vor allem gelernt: »Schauen, und immer wieder schauen.«

Mode, Theater und Tanz sind bis Ende der Dreißigerjahre Kallmus' Themen. Zu ihren ersten Modefotos gehören Aufnahmen von Emilie Flöge – der »Coco Chanel Wiens« – in von Gustav Klimt entworfenen Kleidern. Der Salon Flöge ist vor dem Ersten Weltkrieg die erste Adresse in Sachen Mode. Die Schwestern Flöge verbinden deutsches Gesundheitsbewusstsein mit französischem Charme und kreieren eine Melange, die die Wienerinnen von eng gezurrten Fischbeinkorsetts und diversen Unterröcken ebenso befreit wie von den unhygienischen, schweren Kleiderschleppen, Wagenradhüten und viel zu engen Schuhen. »Reformkleidung« ist das Stichwort, das vor allem die Modesalons der Wiener Werkstätte aufgreifen. In deren Auftrag macht d'Ora viele Aufnahmen, die zunächst nur für den internen

Gebrauch der Salons gedacht sind. Der Boom der Modefotografie setzt um 1920 ein, als die Zeichnungen und Skizzen in Zeitschriften nach und nach durch Fotos ersetzt werden. Fototechnik und Materialien verfeinern sich beständig. In Wien eröffnen jetzt immer mehr junge Frauen ihre Fotoateliers, wie Trude Geiringer und Dora Horovitz oder auch Trude Fleischmann, die mit aufsehenerregenden Aktfotos bekannt wird.

Modefotos aus dem Salon d'Ora werden bereits 1917 veröffentlicht. Sehr früh hat die Chefin Kontakte zu den Bildredaktionen verschiedener Zeitungen, sodass sie von der rasanten Entwicklung der illustrierten Presse von Beginn an profitiert. In der *Berliner Woche* erscheinen schon 1914 Fotoserien von d'Ora über »Die Wienerin« oder »Österreichische Aristokratinnen«.

Kontaktpflege, Werbung und Marketing – in diesen Dingen ist Dora Kallmus Meisterin. Denn was nützen technisch perfekte Fotos, die kein Mensch kauft? Ein wichtiger Kunde ist das Magazin *Metropol* nahe der Hofburg, das auf den Verkauf von Schauspielerporträts spezialisiert ist, wie sie auch d'Ora in großen Mengen herstellt. Diese Starschnitte im Postkartenformat sind begehrte Sammelobjekte im theaterverrückten Wien. Auch Dora Kallmus' lebenslange Verbundenheit mit der Bühne, ihre Freundschaft mit vielen Schauspielerinnen und Schauspielern dokumentiert sich hier.

Die Theater- und Tanzaufnahmen der Fotografin spiegeln deutlich den sich wandelnden Stil in jenen Jahren: von der »klassischen« Pose zur »expressiven« Haltung. Der Ausdruckstanz ist in den Zwanzigerjahren der Hit und mit Protagonistinnen wie Mary Wigman

Stammkundin im Atelier d'Ora:
die Tänzerin Elsie Altmann-Loos, 1923

oder Gertrud Bodenwieser das Symbol für die unabhängige, selbstbewusste Frau. Erste Tanzaufnahmen macht die »Suffragette der Fotografie« 1915. Anfangs nehmen die Modelle in d'Oras Atelier noch einstudierte Posen ein – erst ab 1920 ist es technisch möglich, auch die Spontaneität und Unmittelbarkeit der Tänzerinnen einzufangen. Im November 1922 tritt im Konzerthaussaal Anita Berber auf, über die Klaus Mann einmal sagt, sie tanze »den Koitus«. Berber und ihr Partner tanzen skandalträchtige Themen wie *Kokain, Märtyrer* oder *Selbstmörder*. Kurz darauf erscheint dazu ein Buch mit Fotos von Madame d'Ora: *Die Tänze des Lasters, des Grauens und der Ekstase*.

Zwischen 1921 und 1926 verlegt d'Ora ihr Atelier in den Sommermonaten nach Karlsbad. Auch andere Wiener Fotostudios führen in dem eleganten Kurort mit internationalem Publikum im Juli und August Zweigstellen. In Wien ist die Nachkriegszeit spürbar. Das einstige Zentrum einer Weltmacht ist nun Hauptstadt eines kleinen und verarmten Landes. Da hat die Durchschnittsbevölkerung andere Sorgen, als teure Konterfeis von sich anfertigen zu lassen. Obwohl die Preise des Ateliers d'Ora die höchsten der Stadt sind, leidet sie allerdings kaum unter Auftragsmangel, da die Schauspiel- und Tanzszene mehr noch als vorher zu ihr kommt. Die illustre französische Kundschaft in ihrem Karlsbader Atelier bringt Dora Kallmus auf die Idee, auch in Paris zu arbeiten. Nach einem dreimonatigen Arbeitsaufenthalt in der französischen Hauptstadt steht ihr Entschluss fest: 1925 eröffnet sie mit Arthur Benda die Räume im 17. Arrondissement. Aber bald kommt es zum Bruch zwischen den beiden. Benda führt das Atelier in Wien allein weiter und Kallmus bleibt in Paris. Sie fühlt sich dort ausgesprochen wohl, Wien ist ihr schon lange zu provinziell. »Niemals wurde mir in Paris die Frage gestellt, welche ich in Wien beinahe täglich zu hören bekam: ›Warum sind Sie so teuer?‹ In dem ›Warum‹ liegt das Armutszeugnis des Wiener Kunstverständnisses ... Der Franzose, der übrigens kein Freund von Geldausgaben ist, konstatiert gleichfalls, daß ich teuer sei, aber niemals fragte er ›Warum?‹ Denn er ist ein Qualitätskenner.«[6]

Neben ihrer rastlosen Tätigkeit gönnt sich Dora Kallmus kaum ein Vergnügen, höchstens mal einen Theaterbesuch oder eine Ausstellung. Sie steht früh auf, geht früh zu Bett und legt Wert darauf, ganz regelmäßig zu arbeiten – oft zehn bis zwölf Stunden am Tag –, weil dies ihrer Meinung nach Voraussetzung ist für gelungene Bilder, ihre »Fotokinder«. Die guten Beziehungen zu internationalen Zeitschriften baut sie in Paris aus, arbeitet weiter viel für die Modeindustrie, deren unbestrittenes Zentrum die französische Hauptstadt ist. Kallmus' Stil verändert sich parallel zum Mainstream in Mode und Kunst. Ihre Bilder werden weicher, lassen die Konturen zerfließen. Sie haben jetzt etwas Glitzerndes, Theatralisches, zeigen oft ein beliebtes Klischee dieser Zeit: den dämonischen Vamp. Wie in Wien kommt sie auch in Paris beruflich und privat mit Frauen zusammen, für die der Beruf im Mittelpunkt steht: der Malerin Tamara de Lempicka, der Modeschöpferin Coco Chanel, der Schriftstellerin Colette.

Trude Fleischmann, 1927

Prädikat: »zu anstößig«

Den ganzen Tag nur retuschieren dürfen und dann noch der Vorwurf: »Sie sind aber furchtbar langsam!« Das reicht. Trude Fleischmann packt ihre Sachen und kündigt bei Madame d'Ora, nach nur zwei Wochen Lehre. »Ich schrieb ihr einen Brief, daß es mir nicht sehr angenehm wäre, dort zu arbeiten, und sie möge entschuldigen, daß ich nicht mehr komme. So hat's geendet.«[7] Und so beginnt die Karriere der Porträt-, Tanz- und Aktfotografin Trude Fleischmann. In der Nähe des Wiener Rathauses findet die an der Graphischen Lehr- und Versuchsanstalt ausgebildete Fotografin ein Atelier. Die Miete ist nicht billig, aber die 25-Jährige hat die volle Unterstützung ihrer gut situierten Familie, vor allem ihrer Mutter.

Der Erste Weltkrieg ist seit zwei Jahren vorbei, doch die Bevölkerung trägt noch immer schwer an den Folgen. Fotomaterial ist knapp und teuer. Die Konkurrenz weicht im Sommer bereits auf die lukrativeren Kurorte in der neu gegründeten benachbarten Tschechoslowakei aus. Nicht gerade der ideale Start für ein Unternehmen. Aber es gibt auch Anzeichen, die Mut machen. Denn zahlreiche Illustrierten schießen in den Zwanzigerjahren aus dem Boden, deren Bildredaktionen Fotomaterial brauchen. Da das Medium noch keine lange Tradition hat, nutzen viele künstlerisch und technisch interessierte Frauen diesen Freiraum. Die Zahl der Berufsfotografinnen – viele wie Trude Fleischmann aus dem liberalen jüdischen

Bürgertum – ist in der Zwischenkriegszeit, nicht nur in Wien, ungewöhnlich hoch. Das hat auch damit zu tun, dass Arbeitskräfte während des Krieges immer knapper geworden sind und Frauen nun in traditionell männlich dominierten Bereichen gebraucht werden und Fuß fassen können. Viele von ihnen bleiben unverheiratet und kinderlos.

Auch für Trude Fleischmann ist die Fotografie das Wichtigste in ihrem Leben. Ihr Atelier hat mit denen ihrer Kolleginnen und Kollegen wenig gemein. Sie empfängt keine Laufkundschaft, hat nicht das branchenübliche Repertoire an Hochzeits- und Taufbildern. Sie will zu ihrem Publikum einen persönlichen Kontakt entwickeln, ist eine hervorragende Netzwerkerin und ihr gelingt eine enge Verflechtung von Arbeit und Freundschaft. »Sie schaffte es, dass die Leute sich wohl fühlten, wenn sie von ihr fotografiert wurden; sie hatte ein unglaubliches Einfühlungsvermögen und eine unaufdringliche, sehr charmante Art«, erzählt Jahre später eine Bekannte.

Schon bald versammelt sich in ihrem Atelier Prominenz aus Musik, Theater und Tanz. »Wenn man ein wirklich gutes Tanzphoto haben will, muss man zur Fleischmann gehen«, heißt es. Sie dokumentiert den Wiener Tanzboom der Zwanzigerjahre, ist selbst begeisterte Besucherin der Vorstellungen. Eine besonders enge Beziehung entwickelt sie zum Theater in der Josefstadt, das 1924 unter Max Reinhardt eine Hochblüte erlebt. Aber auch im Burgtheater, im Deutschen Volkstheater und in der Wiener Oper werden Fleischmanns Porträts sehr geschätzt. Die Begeisterung für die darstellenden

Aufsehenerregend: Claire Bauroff, 1925

Künste, vor allem für ihre Akteurinnen und Akteure, ist bis in die Dreißigerjahre in keiner Stadt Europas so ausgeprägt wie in Wien. Dieser Enthusiasmus geht quer durch alle Gesellschaftsschichten, erfasst auch jene, die nie ein Theater von innen gesehen haben. Bühnenstars sind in Wien weitaus populärer als führende Politiker oder reiche Potentaten. Entsprechend gefragt sind ihre Fotos. Die Aufnahmen aus dem Atelier Fleischmann tauchen bald in vielen großen österreichischen Illustrierten auf, später auch im deutschsprachigen Ausland. Anders als Dora Kallmus, die feste Verträge mit einigen Zeitschriften hat, arbeitet die jüngere Kollegin nur auf Bestellung. So bewahrt sie sich persönliche Freiheiten und kann weitgehend nach eigenen Vorstellungen arbeiten.

Zentrales Thema ist für Trude Fleischmann der Mensch und seine Persönlichkeit; sie hat ein gutes Gespür für die Anordnung im Bildraum. Ihrem Gegenüber sucht sie Raum zu geben, um sich seinem Ausdruck anzunähern und ihn sichtbar zu machen. Nicht Stand oder Klasse interessieren sie, sondern die Geste, der Blick, das Gesicht. Jedes Foto, das die Individualität nicht erfasst, ist für sie ein verlorenes Bild. »Manchmal verliebte sie sich in Gesichter, und wenn das geschah, ließ sie so lange nicht locker, bis sie es fotografieren konnte.«[8]

Heraus kommen dann oft groß angelegte Gesichtsstudien: das Gesicht als einziger Ausdrucksträger. Diese sind eine Neuheit – und werden eine Spezialität von Trude Fleischmann. Nie zwingt sie ihren Modellen unnatürliche Posen auf, nie inszeniert sie wie Madame d'Ora die Leute vor der Kamera. Immer bewegt sie sie zu einer möglichst freien Entfaltung ihrer selbst. Dass sie mit vielen ihrer Kundinnen und Kunden freundschaftlich verbunden ist, fördert diese Arbeitsmethode.

Ausstellungen, Feste, Gesellschaften – bei all diesen Gelegenheiten gewinnt Trude Fleischmann neue Kundschaft. Hier bewährt sich ihre außergewöhnliche Gabe, mit Menschen umzugehen. Ihr Atelier wird zum Treffpunkt der Wiener Kulturszene, zu einer Art Institution, ihre Atelierfeste sind legendär.

Aufsehen erregen ihre Aktaufnahmen. Ein Berliner Staatsanwalt lässt 1925 ihre ausgestellten Fotos der Tänzerin Claire Bauroff konfiszieren. Prädikat: zu anstößig. Trude Fleischmann ist eine der ersten Fotografinnen Österreichs, die in diesem Genre arbeiten. Sie entwickelt hier einen eigenen, weiblichen Blick. Ihre Ausdrucksstudien zeigen ein selbstbewusstes Frauenbild. Als Modelle bevorzugt sie Tänzerinnen mit trainiertem, ausdrucksstarkem Körper, die schon deshalb nicht dem Klischee des »schwachen« Geschlechts entsprechen. Diese Bilder können auch als Ausdruck ihres Interesses an fortschrittlichen Menschen, insbesondere emanzipierten Frauen, und an unkonventionellen Lebensformen gesehen werden. Viele ihrer Freundinnen denken ähnlich, leben in lesbischen Beziehungen, wie die Amerikanerin Helen Post, die bei Trude das Fotografieren lernt und eine kurze Liebesbeziehung mit ihr hat.

Trude Fleischmann liebt die Natur, die Berge, ist begeisterte Skifahrerin und Wanderin. In den Dreißigerjahren finden sich in ihrer Arbeit zunehmend auch Landschaftsbilder und konventionelle Motive der Heimatfotografie. In der österreichischen Presse kann

Sportlich emanzipiert während der Dreißigerjahre

sie noch bis 1938 veröffentlichen; ihre Verbindung zu deutschen Zeitschriften jedoch reißt 1933 jäh ab. Sie reist nach Italien und Ungarn, auch nach Paris und London, wo Freundinnen und Freunde wohnen. Diese sind es dann auch, die die politische Gefahr richtig einschätzen und ihre Freundin 1938 zur Ausreise drängen.

Trude Fleischmann ist auf dem Höhepunkt ihres Erfolgs, als binnen kurzem die Kundschaft ausbleibt. Ein Großteil ist ebenfalls jüdischer Herkunft und entweder schon emigriert oder auf dem Weg. Eine Zeit lang versucht die Fotografin noch, das Atelier durch Fotokurse zu retten, begreift aber schließlich den Ernst der Lage. Nach einem halben Jahr in Paris reist sie weiter nach London. Dort beantragt sie im Dezember 1938, eine Woche vor ihrem 43. Geburtstag, ein Visum für die Vereinigten Staaten von Amerika. Drei Monate später besteigt sie in Southampton den Passagierdampfer, der sie – fast ohne Gepäck, nur mit ihrer Kamera, einigen Negativen und wenigen persönlichen Dingen – nach New York bringen wird, wo ihre Freundin Helen Post sie Anfang April 1939 empfängt.

Lina Loos bei ihrer Rückkehr vom Theater-Engagement in New York

INSPIRATION KAFFEEHAUS

Scharfe Pointen

»Man hat Papier, einen Bleistift, einen Radiergummi vor sich und Gedanken, um Bände zu füllen, im Gehirn – alles ist da –, nur der erste Satz fehlt. Er fehlt einfach, es ist unheimlich, man kann machen, was man will – er fehlt! Man kann doch unmöglich beim zweiten Satz anfangen?«[1]

Lina Loos lässt sich 1927 trotzdem vom Chefredakteur des *Neuen Wiener Tagblattes* überreden, regelmäßige Beiträge für die Wochenausgabe zu schreiben. Seit Anfang der Zwanzigerjahre ist die knapp 40-Jährige in der Wiener Presse als humorvolle, ironische Gesellschaftskritikerin bekannt. Ihre Essays sind kurze, treffende Alltagsbeobachtungen, ironische Charakterskizzen ihrer Mitmenschen, Aufzeichnungen kurioser Ereignisse. Die Runden im Café Central und im Café Raimund bieten reichlich Stoff. Karl Kraus ist dabei und Franz Theodor Csokor, Dramaturg am Deutschen Volkstheater, außerdem der Schauspieler und Kulturphilosoph Egon Friedell, ein treuer Verehrer von Lina Loos.

Friedell besucht mit ihr regelmäßig den Salon von Berta Zuckerkandl. »Liebste Lina, die B. Z. ist aus Paris zurück … Sie will mit dir sprechen und hat uns für Sonntagnachmittag eingeladen. Ich hole dich also um halb vier ab.« Post dieser Art erhält Lina Loos regelmäßig von ihm. Die Journalistin Berta Zuckerkandl schätzt Lina sehr, organisiert Verbindungen zur örtlichen Presse.

Auch den Salon von Alma Mahler-Werfel besucht Lina Loos, nicht jedoch den von Eugenie Schwarzwald. Denn hier ist ihr Exmann, der berühmte Architekt Adolf Loos, Stammgast. In seine Nähe zieht sie nichts mehr, die Ehe der beiden liegt lange zurück.

1902 beginnt das Intermezzo zwischen der knapp 20-jährigen Lina Obertimpfler und dem zwölf Jahre älteren Loos. Lina ist zu dieser Zeit Schauspielschülerin am Wiener Konservatorium. Das Kaffeehaus ist ihr Zuhause, denn die Eltern betreiben das »Casa Piccola«, seit 1900 Treffpunkt vorwiegend der männlichen Wiener Boheme – wie die meisten Kaffeehäuser dieser Zeit.

Lina, 1882 geboren, ist die Jüngste der drei Geschwister Obertimpfler, die alle eine künstlerische Laufbahn einschlagen – nicht gerade zum Entzücken der Familie. »Mein Bruder hatte das Schulgeld zwar immer in Empfang genommen, aber es nicht im Gymnasium, sondern in der Theaterschule eingezahlt. Er hatte seinen Beruf gewechselt, aber vergessen, der Familie davon Mitteilung zu machen.« Ihre Schwester ist Schriftstellerin und führt sie am Stammtisch des Literaten Peter Altenberg ein. Dort lernt sie auch Adolf Loos kennen – der ihr bereits am ersten Tag einen Heiratsantrag macht. Den Lina spontan annimmt. Sie entspricht dem Frauenbild, das Männer wie Altenberg und Loos verherrlichen: die Kindfrau, unerfahren und »rein«. In ihrem Theaterstück *Wie man wird, was man ist,* das erst 1996 zur Aufführung kommt, verarbeitet sie die Ehe mit dem egozentrischen Architekten. »Ich werde sie formen. Ich werde Gutes herausholen, Schlechtes brachliegen lassen. Es soll ein Kunstwerk werden«, lässt sie den Ehemann über seine junge Frau sagen.

Lina Loos geht es um ein selbstbestimmtes Leben, und das passt nicht zu einer Ehefrau, wie Adolf Loos sie sich vorstellt. Als sie sich kurz vor der offiziellen Scheidung auch von ihrem Liebhaber, einem 18-jährigen Gymnasiasten, trennt und dieser sich daraufhin erschießt, ist selbst im Affären gewohnten Wien der Skandal perfekt. In ihrem Theaterstück *Wie man wird, was man ist* lässt Lina Loos ihre Protagonistin sagen: »Die Gesellschaft ist irgendwer, ist irgendwo; aber hier stehe ich, wirklich und wahrhaftig, ganz allein verantwortlich für mein Leben und wenn es der Gesellschaft nicht paßt, paßt eben die Gesellschaft nicht für mich«.[2]

Um dem Wiener Klatsch zu entkommen, nimmt die 22-Jährige ein Theaterangebot in Übersee an, schifft sich im Januar 1905 nach New York ein und verbringt die erste Jahreshälfte in Amerika. Es folgen Engagements in St. Petersburg, Leipzig, Berlin. Die Schauspielerei hat für sie nichts mit Leidenschaft oder Berufung zu tun. Sie sieht das Ganze eher pragmatisch: »Ich möchte lieber gar nichts arbeiten; nachdem ich aber leider einen Beruf haben muß, so bin ich am liebsten beim Theater.«[3] Nie konkurriert sie mit Kolleginnen, sondern gibt sich immer gern mit Nebenrollen wie Dienstmädchen oder Köchin zufrieden. Und hat jedes Mal so viel Lampenfieber, »daß die Angst vor dem Spielen die Lust am Ruhm stark überwiegt«.

Zu Beginn des Ersten Weltkrieges wird ihr Verlobter an der Front getötet. Jahre zuvor ist ihre Schwester nach einem angekündigten Selbstmord spurlos verschwunden. Der Liebhaber, die Schwester, der Verlobte – innerhalb weniger Jahre hat Lina Loos drei nahestehende Menschen verloren. Nach dem Tod ihres Verlobten verfällt sie in eine tiefe Depression, nimmt das in seinem Testament ihr zugedachte Geld nicht an, obwohl dies ihre Existenz absichern würde. Ihr Lungenleiden, das sie vor Jahren im Sanatorium hat behandeln lassen, verschlimmert sich wieder. Sie fährt nach Davos zur Kur.

Die Inflation nach dem Ersten Weltkrieg trifft auch Lina Loos' Eltern. Sie müssen 1918 ihr Kaffeehaus in der Mariahilferstraße verkaufen. Immer wieder haben sie ihre jüngste Tochter finanziell unterstützt. Damit ist es nun vorbei. Und auch mit der Wohnung über dem Café. Lina Loos zieht mit all ihren Sachen in den ländlichen Wiener Vorort Sievering, in eine kleine Atelierwohnung mit Dachgarten, die bisher ihr Zweitwohnsitz war. Sie liebt die Ruhe und Abgeschiedenheit hier, wo die Straßen abends um neun menschenleer sind. Nur selten nimmt sie deshalb Egon Friedells Einladung in sein Sommerhaus nach Kufstein an, wo immer ein Zimmer mit Balkon für sie reserviert ist. Auch die Versicherung des Freundes, dass reichlich »Knödel, Kaffee und Zigaretten (Deine drei Lieblingsspeisen)« vorhanden seien, hilft da wenig. Die Beziehung zwischen Lina Loos und Egon Friedell leidet immer wieder unter Spannungen. Seit ihrer gemeinsamen Arbeit in Berlin ist Friedell leidenschaftlich verliebt in Lina, verherrlicht sie, huldigt ihr. Sie schätzt ihn als Freund und Künstler, will sich aber nicht erneut vereinnahmen lassen. »Ich suche einen Mann, der mich liebt als – Lina Loos. Ich will kein überirdisches Wesen sein, ich will nicht angebetet werden, der Mann, dem ich bereits eine Gottheit bin – der ist mir viel zu arm.«[4]

Zu Peter Altenberg, der sie überreden will, Friedells Heiratsantrag anzunehmen, sagt sie schlicht: »Er ist nicht mein Typ.« Friedell findet sich schließlich mit der Situation ab. Bis zu seinem Tod 1938 bleibt Lina Loos die wichtigste Frau für ihn. In der Öffentlichkeit treten die beiden oft als Paar auf.

Ab 1921 gehört Lina Loos zum festen Ensemble des Deutschen Volkstheaters in Wien, wo auch ihr Theaterstück *Mutter* aufgeführt wird. In diesen ersten Zwanzigerjahren beginnt sie regelmäßig in Zeitschriften und Tageszeitungen zu veröffentlichen. Sie ist Anfang vierzig, bewegt sich zwischen Theater, dem Café Raimund am Volkstheater, und dem Café Sievering, das sich unter ihrer Wohnung befindet. Hier verbringt sie oft die Abende, insbesondere im Winter, wenn Kohlen knapp sind oder ihr Geld dafür nicht reicht. Im Café gibt es zudem ein Telefon, sodass Lina dort von ihren Bekannten angerufen werden kann. Eine enge Beziehung hat sie in dieser Zeit zu der 20 Jahre jüngeren deutschen Schauspielerin Margarete Köppke, die am Raimundtheater engagiert ist. Die beiden unternehmen 1927 eine Sommerreise nach Berlin. »Margarete sagt so kluge Sachen wie ein sechzigjähriger Weiser und handelt zugleich wie eine besonders kindische Sechsjährige ... Im Schlafwagen von München nach Berlin spielte sie Fremdenführer, zeigte mir die Errungenschaften der Jetztzeit. Hantierte mit elektrischen Lampen und Steckkontakten, daß mir die Haare zu Berge standen, zeigte mir vierzehn verschiedene Arten, blitzschnell in das obere Bett zu gelangen, ohne die Leiter zu benützen. Ein halbwegs ehrgeiziges Eichhörnchen hätte daraufhin sofort bei ihr Turnstunden genommen. Dann läutete sie ... und war noch nicht damit fertig, als der Schlafwagenfürst erschien, und wir brauchten – absolut nichts! Sie hatte gerade noch Zeit, sich wie eine fast Erwachsene hinzusetzen, und sagte etwas vornehm zögernd: ›Ach – bitte – können Sie mir vielleicht sagen – ja – wie viele Grenzen noch bis Berlin sind?‹ – ›Wir sind in Deutschland, meine Dame‹, sagte er und verschwand merkwürdig schnell.«[5]

Lina wird zur Trösterin der begabten, doch an der Welt leidenden Margarete. »Geliebte Lina! ... Ich brauche Dich selbstverständlich wie immer – Gott weiß, warum ich mir einbilde, daß Du der einzige Mensch bist, der mich jemals lieb gehabt hat; niemand, selbst Du kannst mir diesen Gedanken nehmen«, schreibt die Freundin 1930, wenige Monate vor ihrem Selbstmord.

Ab 1927 schreibt Lina Loos für das Feuilleton des *Neuen Wiener Tagblattes*. Ihre Essays sind humorvoll, manchmal zynisch, ihre Pointen hintergründig, aber einfach verpackt. »Ich war ein einziges Mal bei einer Spiritistensitzung – und nie wieder. Nach endlosen Vorbereitungen und wildem Geklopfe meldete sich endlich der Geist G. E. Lessings und gab den erschütternden Ausspruch von sich: ›Ehret meine Werke!‹ Sein großer Geist schien durch das Jenseits gelitten zu haben. Ich kann schon die hierseitigen Dichter nicht leiden, die solche Anforderungen an mich richten, und von jenseitigen hätte ich erwartet, daß sie andere Sorgen haben.«[6]

Treffsicher prangert sie soziale Missstände an, kritisiert die Ehe, formuliert aus der Perspektive der emanzipierten Frau.

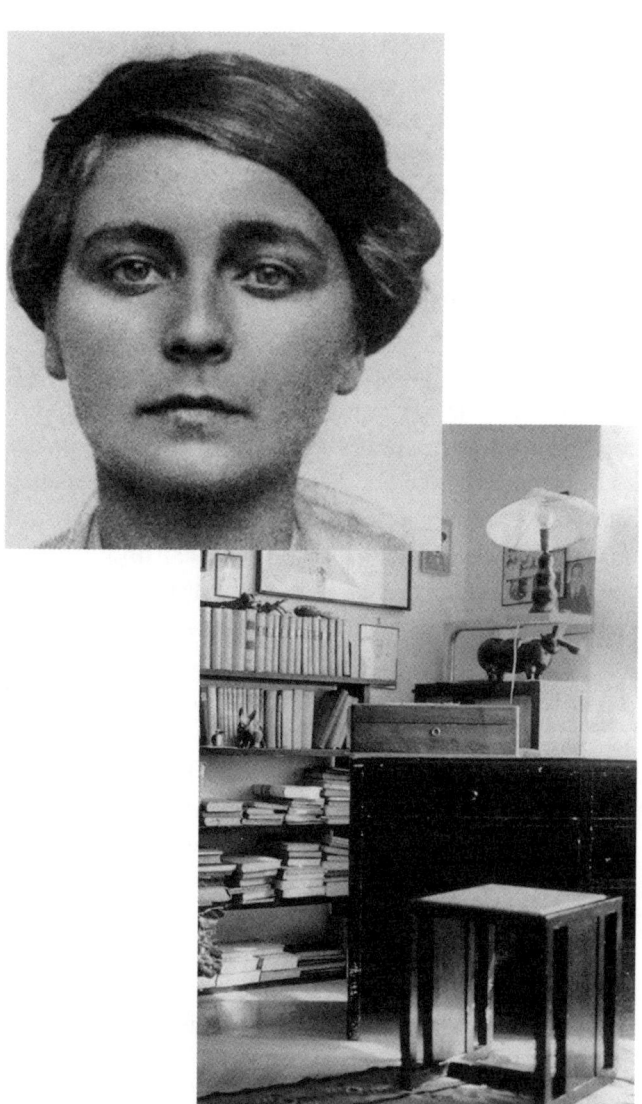

Lina Loos und ein Blick in ihre Wohnung in Sievering

»Die Frau: Ich möchte dich glücklich machen,
auf welche Weise auch immer!
Der Mann: Ich möchte mich glücklich machen,
auf welche Art immer!
So beginnen die Sexualverbrechen
des Mannes!«[7]

Mit dem Schriftsteller Franz Theodor Csokor plant sie, die besten ihrer Artikel als Buch herauszubringen, ein Projekt, das jedoch erst 1947 realisiert wird. Mit Csokor verbindet sie seit Anfang der Zwanzigerjahre eine Freundschaft, die sich im Laufe der Zeit in ein Liebesverhältnis wandelt. Wie für Friedell ist Loos auch für Csokor die zentrale Frau im Leben. Alle drei sind über das Theater miteinander verbunden und verbringen ihre Freizeit oft gemeinsam, finden eine Balance zwischen Liebe, Eifersucht und Freundschaft.

»Es ist fürchterlich, daß man nicht so viel Geld hat, Dich loskaufen zu können, damit Du so wie es Dir am angenehmsten wäre, leben darfst«, schreibt Kerstin Strindberg 1932 an Lina Loos. Die Tochter des Schriftstellers August Strindberg, seit Anfang der Dreißigerjahre mit Lina Loos befreundet, spielt damit auf die äußerst prekäre finanzielle Situation an, in der die Freundin sich wieder einmal befindet. Zeit und Muße, nicht Geld, ist Linas Motto, wofür sie nicht selten mit einer ungeheizten Wohnung bezahlen muss. In den Briefen zwischen den beiden Freundinnen geht es auch immer wieder um die politische Situation in Deutschland und Österreich. »Jetzt steht in meiner schwedischen Zeitung das neue teutsche Strafgesetz ›Arierparagraph‹! ... Ich bin vollkommen krank und zerquetscht durch diese Dinge. Wenn auf der Donau eins der hakenkreuzbewimpelten Schiffe vorbeifährt, kotze ich in den Acker«, schreibt Kerstin Strindberg 1933.[8]

Als die Nazis in Wien einmarschieren, spielt Lina Loos nicht mehr Theater, schreibt nur noch, um zu überleben. Egon Friedell stürzt sich 1938 aus dem Fenster, als die Nazis ihn holen wollen, Franz Theodor Csokor emigriert. Selbstmord oder Emigration – vor diese Entscheidung sehen sich jetzt viele in Linas Freundeskreis gestellt. Sie selbst zieht sich immer mehr zurück, geht in die innere Emigration. Auch gesundheitlich geht es ihr schlechter, sie leidet inzwischen unter einer chronischen Bronchitis. Ihre kargen Lebensumstände können zu Anfang des Krieges noch gemildert werden durch Pakete, die Kerstin Strindberg aus Schweden schickt. Die Zigaretten darin sind für Lina Loos ebenso wichtig wie die Lebensmittel und Medikamente.

Sie überlebt den Krieg, umsorgt von der Grafikerin Leopoldine Rüther, der einzigen Freundin, die in dieser Zeit in ihrer Nähe ist. Diese bleibt ihr bis zum Tod verbunden, illustriert auch ihr *Buch ohne Titel,* eine Sammlung von Erinnerungen und Essays, das 1947 erscheint. Nach dem Krieg engagiert sich Lina Loos im Österreichischen Friedensrat und wird Vizepräsidentin des Bundes Demokratischer Frauen. »Fünfundsechzig Jahre habe ich nicht gewußt, warum ich lebe, jetzt weiß ich es und jetzt muß ich sterben«, sagt sie kurz vor ihrem Tod, 1950 im Wiener Allgemeinen Krankenhaus.

Milena Jesenská, 1917

Schreiben als Elixier

»In den letzten Jahren, als es nichts zu essen gab, wo zu Hause nicht geheizt werden konnte und man nichts zum Anziehen hatte, verwandelte sich das Kaffeehaus in das gemeinsame Zuhause der Boheme, der es verdammt schlecht in der Zeit des Krieges ging.«[9]

Milena Jesenská weiß, wovon sie spricht. Viele Abende sitzt sie in diesen ersten Nachkriegsjahren im Café Herrenhof. Gleich nach Ende des Ersten Weltkrieges ist sie mit ihrem Mann Ernst Polak von Prag nach Wien gekommen. Sie versucht sich heimisch zu fühlen unter all den Literaten, deren Sprache sie kaum kennt und oft nicht versteht. Viele Tschechinnen und Tschechen in Österreich zieht es nach dem Zusammenbruch der K.-u.-K.-Monarchie nach Hause, sie wollen den neu gegründeten tschechischen Staat mit aufbauen. Das Ehepaar Polak geht den umgekehrten Weg. Er lebt sich schnell in der Wiener Szene ein, arbeitet als Fremdsprachenkorrespondent, fühlt sich jedoch zum Literaturkritiker berufen – ihr aber geht es schlecht. Die 22-jährige Pragerin ist jung verheiratet und sehr verliebt in ihren Mann. Der hat sie in der fremden Stadt jedoch schon auf dem Bahnhof sitzen lassen, um zu seiner Geliebten zu gehen. Milena Jesenská hat kein Geld und »niemanden auf der Welt«.

Das ist sie aus Prag anders gewöhnt, ihre Familie ist dort bekannt und angesehen. Am renommierten Mädchengymnasium macht sie das Abitur und gehört damit zur weiblichen Elite, selbstbewusst und mit Berechtigung zum Frauenstudium. In ihrer Jugend neigt Milena Jesenská zu Extravaganzen, flaniert mit wallender Mähne ohne Strümpfe mit ihren Freundinnen durch die Altstadt, schwimmt in Kleidern durch die Moldau und unternimmt kleptomanische Streifzüge durch Prager Geschäfte – nutzt also jede Gelegenheit, die gute Gesellschaft zu brüskieren.

Sie studiert Medizin, wechselt aber bald zur Musik und taucht immer häufiger in den Künstler- und Literatencafés der Stadt auf. In ihrem Stammcafé Arco lernt sie den zehn Jahre älteren Polak kennen. Ihr Vater ist entsetzt, als er von der Liaison erfährt. Unvorstellbar, seine Tochter und ein deutscher Jude! Mehrfach versucht er die beiden zu trennen, steckt die 20-Jährige sogar für neun Monate in eine Nervenheilanstalt – »krankhaftes Fehlen moralischer Begriffe und Gefühle« steht auf dem Einweisungsschein. Als auch diese Maßnahme nichts nutzt, gibt der Vater schließlich auf: Sie darf heiraten, bekommt sogar eine Mitgift – muss aber Prag verlassen.

1918 ist Milena Jesenská also in Wien. Einem Stammgast im Café Herrenhof fällt auf: »Sie saß da, unter den Leuten. Sie war jung und sehr hübsch, kräftig, schön gewachsen, hatte aschblondes Haar und diesen schönen kleinen Mund. Ich dachte, was hat die da verloren. Sie sprach sehr schlecht deutsch und konnte sich an der Diskussion kaum beteiligen.«[10]

Die Gradlinigkeit und Offenheit von Milena Jesenská passen nicht so recht zur Egozentrik der meist männlichen Gäste im Herrenhof. Die Stimmung der gepflegten Melancholie und die Neigung der Literaten zur Selbstdarstellung teilt sie nicht. Sie ist extravagant, aber unkompliziert und lebensbejahend. Konversation machen, Literatur als Selbstzweck betreiben – das ist ihr zu gekünstelt, zu wirklichkeitsfremd.

Aber sie genießt auch die intensiven geistigen Anregungen, nimmt wissbegierig alles auf – wenn da nur nicht andere Probleme wären. Ihr Ehemann lebt sein eigenes Leben und fühlt sich in keiner Weise für seine Ehe verantwortlich. Er hat diverse Affären und erwartet von seiner Frau, dies zu akzeptieren. Im Café Herrenhof, wo sich »alles, was politisch und erotisch revolutionär gesinnt« ist, trifft, gehören freie Sexualität und häufige Partnerwechsel für viele Künstler zum Lebensgefühl, man demonstriert auch auf diese Weise den Bruch mit der bürgerlichen Gesellschaft. Milena ist eifersüchtig, will dieses Gefühl aber nicht wahrhaben, lässt sich ebenfalls kurz auf eine Affäre ein. Zu den Gefühlsverwirrungen kommen materielle Schwierigkeiten. Die Mitgift ist schnell verbraucht, die Aussteuer versetzt. Nach dem Zusammenbruch der Donaumonarchie darf kein Geld von Prag nach Wien transferiert werden, auch Päckchen werden oft nicht befördert, Inflation und Hungersnot nehmen rapide zu.

Milena Jesenská muss zum ersten Mal in ihrem Leben Geld verdienen. Sie gibt Tschechischunterricht, arbeitet als Übersetzerin, schleppt Koffer auf dem Wiener Bahnhof und nimmt eine Stelle als Hausdame an. Und sie beginnt, angeregt durch die Atmosphäre im Herrenhof, zu schreiben. Fast jede Woche finden sich bald ihre Feuilletons in der kleinen, liberalen Zeitung *Tribuna* in Prag, ab 1920 schreibt sie auch für deren Frauenseite. Und sie übersetzt die Texte eines deutschsprachigen Dichters, den sie in Prag flüchtig kennengelernt hat. Bald wechselt sie regelmäßig Briefe mit »ihrem« Autor Franz Kafka, ein papiernes Liebesverhältnis beginnt, das Jahre später unter dem Titel *Briefe an Milena* Eingang in die Literaturgeschichte findet. Als Kafka 1924 stirbt, schreibt Jesenská seinen Nachruf.

Bis Mitte der Zwanzigerjahre hat Milena Jesenská sich zu einer gefragten Journalistin entwickelt. Ihre beste Informationsquelle ist das Herrenhof. Aber auch auf den Straßen, im Wien der kleinen Leute, im Alltagsgeschehen findet sie ihre Themen. Sie schreibt Artikel und Feuilletons aus Solidarität mit den Schwachen und Unterdrückten, aus humanistischer Überzeugung. Ihre Freundin, die Journalistin Gina Kaus, findet: »Es gab niemanden, der so wie sie alle Nuancen verstand und sie sogar noch in grammatikalisch schlechtem Deutsch exakt wiederzugeben wußte. Sie hatte eine Seele.«[II]

Als Milena Jesenská in der angesehenen Prager Zeitung *Národní Listy* ab 1923 einen festen Platz hat, lebt sie schon von Ernst Polak getrennt. In ihrer großen Wohnung in der Lerchenfelderstraße richtet sie eine Pension mit Mittagstisch ein, beschäftigt sogar eine Köchin. Und »übernimmt« den Liebhaber ihrer Freundin Gina, den diese loswerden will: Der Graf, ein ehemaliger österreichischer Offizier, ist als überzeugter Kommunist aus dem revolutionären Russland nach Wien zurückgekommen und wird regelmäßiger Besucher im Café Herrenhof. Milena geht mit ihm zu kommunistischen Versammlungen, verliebt sich in ihn und genießt die »Liebesgabe« ihrer Freundin Gina. Diese ist verheiratet, Mutter eines dreijährigen Sohnes und begeistert sich ebenfalls für kommunistische Ideen. Vor allen Dingen aber ist sie Schriftstellerin und Café-Herrenhof-Aktivistin.

»Schräg gegenüber von Freud« in der Berggasse als Regina Wiener geboren, wächst Gina Kaus in ziemlich armen Verhältnissen in der Leopoldstadt auf. Sie geht aufs Mädchenlyzeum, heiratet mit knapp 20 Jahren einen jungen Musiker, der zwei Jahre später im Ersten Weltkrieg stirbt. Als sie dann einen einflussreichen Verwandten ihrer Schwiegereltern kennenlernt, beginnt eine skandalträchtige Geschichte, die in Wiener Gesellschaftskreisen für Aufsehen sorgt. Josef Kranz ist eine prominente Schieberfigur, der unumwunden der jungen Witwe ein unmoralisches Angebot macht: Als seine Geliebte soll sie in sein Palais einziehen. Um ihr das Luxusleben schmackhaft zu machen, lädt er sie zu Autofahrten ein – in einer Zeit, in der nur hoch gestellte Persönlichkeiten noch Benzin bekommen – und überhäuft sie mit Geschenken. Die offizielle Rolle einer Geliebten gefällt Gina allerdings nicht, sie findet eine abstrus-originelle Lösung: Der 30 Jahre ältere Millionär soll sie als Tochter adoptieren. »Als solche konnte ich legitim in sein Haus einziehen – was wir nachts taten, ging niemanden etwas an!« Mitte 1916 zieht also die junge Witwe mit kessem Bubikopf – zu dieser Zeit noch eine Ausnahme – in das Palais Kranz, ein imposantes neubarockes Gebäude in der Liechtensteinstraße. Das Palais ist aber keineswegs ihr Lebensinhalt. »Ich ging, wann immer ich konnte, ins Café Herrenhof, meist nach dem Mittagessen, wenn man fast immer vollzählig zum schwarzen Kaffee beisammen war.«

Gina Kaus, 1927

Hier entsteht die Idee, eine Zeitung zu machen. Kranz sieht sich als Mäzen für das Vorhaben und finanziert seiner Geliebten eine Wohnung in der Strudlhofgasse, die offiziell die Redaktion der neuen Zeitschrift ist: Das »Atelier« ist Ginas Arbeitsstätte und ihr Freiraum, hier geht sie gleich nach dem Frühstück hin, hier stehen ihr Schreibtisch und ihre Bücher. Und hierher kommen ihre Freundinnen und Freunde, vor allem am Sonntagnachmittag. Sie sorgt für Essen und Getränke, denn 1917 hat die »Zeit des großen Hungers« begonnen. Abends kommt Franz Werfel. Alle lieben seine Gedichtbände, hören ihn gern vortragen und erzählen. Er ist lebhaft und kühn im Ausdruck, wettert gegen die Bourgeoisie und vor allem gegen die Großbourgeoisie.

Auch Gina fühlt sich mehr und mehr zu revolutionären Ideen hingezogen, das private Verhältnis zu Kranz kühlt merklich ab. Als die Zeitschrift eingestellt wird, muss sie die Wohnung aufgeben. Werfel, der dringend eine Unterkunft sucht, zieht ein und trifft sich hier mit seiner Geliebten Alma Mahler.

Nach dem Krieg ist Gina mehr denn je im Herrenhof. Das Hauptthema ist die Politik. Alle sind links, grenzen sich aber vom Bolschewismus deutlich ab. Die ersten Kriegsteilnehmer kommen zurück, unter ihnen Otto Kaus, ein alter Freund. Er ist Kommunist, mit ihm geht Gina zu Parteiversammlungen und politischen Kundgebungen. In diesem Winter wird auch sie zur Kommunistin und beginnt ein Verhältnis mit Otto. Sie beendet ihr Lustspiel *Diebe im Haus* und schickt es an mehrere Theater in Wien. Das renommierte Burgtheater nimmt es an. Der Traum jeder jungen Schriftstellerin wird damit wahr. Die Premiere im Oktober 1919 ist ein Erfolg, nur ist das Publikum erstaunt, als sich der »Autor Andreas Eckbrecht« als Frau outet.

In diesem Jahr heiraten Gina und Otto Kaus. Beide sind, wie fast alle im Herrenhof, überzeugte Anhänger der »freien Liebe« und gegen bürgerliche (Ehe-)Vorstellungen. Doch als Gina Kaus schwanger mit einem Wunschkind wird, ist sie bereit, ihre Einstellung zu hinterfragen. Sie findet »eine sehr kleinbürgerliche Wohnung in einer sehr kleinbürgerlichen Gegend ... Ich hielt das Ganze für eine Improvisation, ich war überzeugt, in wenigen Monaten werde die Wohnungsnot ein Ende haben, und ich könnte leicht eine größere, schönere Wohnung in einer besseren Gegend finden. Ich blieb dreizehn Jahre lang in der Hyegasse.«[12] Der Sohn wird 1920 geboren. Inzwischen schreibt Gina Kaus Kurzgeschichten für die Wiener *Arbeiter-Zeitung* und hat erfolgreich eine Novelle veröffentlicht. Sie führt ein recht komfortables Leben, indem sie Börsenspekulationen für einen Finanzier durchführt: Per Telefon bekommt sie Anweisungen für den Kauf und Verkauf von Aktien – von dem Gewinnanteil kann sie ihren Alltag finanzieren.

Gina und Otto trennen sich, obwohl sie ein zweites Kind erwarten. Der Glaubenssatz der absoluten sexuellen Freiheit hat sich in der Realität als unbrauchbar erwiesen. Gina Kaus genießt die Unabhängigkeit von ihrem Mann, ihr Leben in der Literaturszene und ihre Erfolge als Autorin. In dieser Zeit beginnt ihre Freundschaft mit Karl Kraus, dem bissigen Herausgeber der Kulturzeitschrift *Die Fackel*. Kraus ist Satiriker mit hoher Sprachkunst und gewaltigem Wortwitz, ein überzeugter Sozialist. Der scharfe Beobachter von Politik und Kultur hält Vorlesungen an der Wiener Universität. Er ist Wiens graue Eminenz und soziales Gewissen. Zehn Jahre lang ruft er morgens bei Gina an – wenn sie aufsteht und er nach seiner nächtlichen Schreibarbeit ins Bett geht. Kraus kauft ein Auto, mietet einen Chauffeur und fährt oft mit Gina Kaus spazieren. Sie besuchen kleine Dörfer, schwimmen in den Badeanstalten um die Wette und machen Touren in das unberührte Gebiet der Lobau.

Während ihrer zweiten Schwangerschaft hat Gina Kaus die Idee, eine Zeitschrift für Mütter zu gründen. Sie sammelt Artikel bei Ärzten und schreibt den Leitartikel für die erste Nummer, die 1924 erscheint. Viele Leserinnen schreiben Briefe oder richten ihre Anfragen an die Redaktion der *Mutter*. Daher eröffnet Gina Kaus zudem eine Beratungsstelle, ein kleines fensterloses Zimmer in der Druckerei der Zeitschrift, in das Frauen täglich zwischen zwei und vier Uhr kommen, um ihre Probleme zu besprechen. Wenn eine Frau oder ihr Kind krank ist, nennt Gina ihnen einen Arzt, der diese Patientinnen fast kostenlos behandelt. Andere Fachleute halten Sprechstunden vor Ort ab, darunter auch ein Anwalt für Unterhalts- und Scheidungsfragen.

Als *Die Mutter* mangels Finanzen einzugehen droht, reist Gina Kaus nach Berlin, um sie an den Ullstein Verlag zu verkaufen. Statt der Zeitschrift liest der Lektor ihre Novellen und bietet ihr tausend Mark Vorschuss für die Option auf einen Roman. »Meine Freude war unbeschreiblich. Ich hatte heimgefunden. Es war mir ganz gleichgültig, was mit der *Mutter* geschah. Ich war eine Schriftstellerin.«[13] Statt eines Romans schreibt sie eine

Schulmädchenkomödie, die später an fünfzig deutschen Bühnen gespielt wird. Auch privat gibt es Veränderungen. Sie beginnt eine Liebesbeziehung mit dem Mann einer Freundin. Als die einen Selbstmordversuch macht, ist Gina für die Herrenhof-Clique die Schuldige, ihre Situation in Wien wird unhaltbar. Sie fährt nach Prag, um Milena Jesenská zu besuchen.

Es ist 1926. Milena Jesenská lebt seit einem Jahr wieder in Prag. In Wien hat sie fünf Jahre journalistische Erfahrung gesammelt. Die meisten ihrer Artikel hat sie zum Thema Mode geschrieben, viele auch zur Wiener Nachkriegssituation. Jetzt veröffentlicht sie in Prag Filmkritiken, Feuilletons zu sozialen Begebenheiten, über groteske Situationen. »Möbelträger sind sehr sachlich und nüchtern, auf ein Poltern und Krachen mehr oder weniger kommt es ihnen nicht an. Versuchen Sie, ihnen die eigene Ansicht über Ihr Porzellan zu erläutern, und Sie werden beschämt verstummen, wenn Sie Vasek sehen – einer von ihnen heißt Vasek: Er kommt herein, nimmt auf den Rücken einen Bücherschrank und in jede Hand einen Lehnstuhl und wird von seinen Kameraden mit einem Schrei angehalten: ›Mann, du wirst doch nicht leer runtergehen!‹ Ich empfinde lediglich schüchterne Bewunderung für so riesige Kraft und für die Schweißperlen auf dem sonnengebräunten Gesicht und trage meine ramponierten Stühle selber ergeben zum Wagen.«[14]

Jesenská hat sich in der kulturellen Szene einen Namen als Journalistin gemacht. Das Prag der Zwanzigerjahre ist in Aufbruchstimmung, sucht sein kulturelles und politisches Selbstbewusstsein als Hauptstadt der ersten tschechoslowakischen Republik. Das Land will sich öffnen und emanzipieren. Dazu gehören auch moderne, selbstbewusste Frauen. Milena Jesenská verkörpert diesen Typ, man bewundert ihren »Wiener Chic«, ihre Frauenseite in der *Národní Listy* wird immer populärer. Sie hat einen Stab von Mitarbeiterinnen, geht mit ihnen ins Kaffeehaus und in Nachtlokale, wo der Jazz gespielt wird. Milena ist wieder die stadtbekannte Jesenská – und genießt ihr Leben. Meist bewegt sie sich in den Kreisen linker avantgardistischer Intellektueller aus Architektur, Film und Literatur. Hier findet sie ihre zweite große Liebe, einen Architekten, den sie 1927 heiratet. In ihrer Wohnung trifft sich samstags die Avantgarde – bei heißen Würstchen, Milchkaffee und Croissants. »Ich bin jetzt zum ersten Male nach fünfzehn Jahren eines wirklich schlimmen Lebens glücklich«, schreibt Milena Jesenská. Dieses Gefühl steigert sich noch, als sie mit 32 Jahren schwanger wird.

Ihre Tochter kommt gesund zur Welt, aber durch eine Gelenkentzündung bleibt Milenas rechtes Knie steif. Die Therapie ist nur unter Morphium zu ertragen. Hinzu kommen berufliche Probleme, die Kündigung bei *Národní Listy* und damit Geldsorgen. Milenas Morphiumsucht als Folge der Therapie ist eine ständige Belastung für ihre Ehe, die schließlich zerbricht. Zeitweilig arbeitet sie für die Kommunistische Partei und schreibt Artikel für deren Organe. Aber von der KPT distanziert sie sich schnell wieder, erträgt nicht die rigorose Unterwerfung unter die Parteidoktrin. »Ich konnte nicht mehr, ich konnte es nicht mehr aushalten. An einem Tag war etwas weiß, am anderen das gleiche schwarz, und immer war richtig nur das, was die Partei gerade vertrat.«[15]

Ab 1936 erlebt Milena Jesenská eine Zeit extremer Not und tiefer Krise. Sie schafft den Drogenentzug, hat eine neue Stelle bei einer Zeitschrift – aber die politische Situation überschattet alles. Prag ist die geheime Hauptstadt der antifaschistischen deutschen Emigration. Jesenská reist in Grenzgebiete, schreibt engagierte Artikel und warnt vor dem nationalsozialistischen Terror. »Alles, was wir machen und arbeiten, ist vergiftet durch die Sicherheit, daß ein Wunder geschehen müßte, wenn wir am Leben bleiben sollten«, schreibt sie 1938.[16]

Das Wunder geschieht nicht. In ihren letzten Monaten in Prag ist Milena Jesenská eine entschlossene Widerstandskämpferin, versteckt in ihrer kleinen Wohnung verängstigte Flüchtlinge. Sie bleibt. Geht zu den wöchentlichen Gestapoverhören. Und versteckt weiter. Bis sie in »präventive Schutzhaft« genommen und ins Frauenkonzentrationslager Ravensbrück deportiert wird. Dort stirbt Milena Jesenská im Mai 1944 mit 47 Jahren.

Gina Kaus' Roman *Die Verliebten,* inspiriert durch die Prager Gespräche mit ihrer Freundin, erscheint 1928 in Berlin. Kaus arbeitet an weiteren Romanprojekten, viele Veröffentlichungen in Zeitungen und Zeitschriften folgen. Im Januar 1933 zieht sie mit den beiden Söhnen und ihrem neuen Lebensgefährten in eine große Wohnung nahe der Hofburg. Die Einweihungsparty mit Champagner Ende Januar soll der Start in ein neues Leben sein.

Treffpunkt der Literaturszene: Café Central

Fünf Tage später wird Hitler in Deutschland Reichskanzler. Als jüdische Schriftstellerin steht Gina Kaus auf der schwarzen Liste der Nationalsozialisten. Ihre neue Wohnung wird in den ersten Wochen nach der »Machtergreifung« Fluchtpunkt für deutsche Schriftstellerinnen und Autoren, unter ihnen auch Bertolt Brecht. Bald trennt sich der Kreis, die Emigration beginnt, auch österreichische Künstlerinnen und Künstler gehen jetzt ins Exil nach Paris, London, Zürich, New York. Gina Kaus zögert noch, arbeitet zudem an einer Biografie über Katharina die Große. Diese wird in vielen Sprachen ein enormer Erfolg, in Amerika ein Bestseller.

1938 flieht Gina Kaus mit zwei Handkoffern über Zürich nach Paris, findet dort Arbeit als Drehbuchautorin. Ein Jahr später emigriert sie mit ihrer Familie in die USA und lässt sich an der Westküste in Los Angeles nieder.

Hilde Spiel auf der Überfahrt nach Capri, 1936

Zur Pause eine Schale Gold

Im Café Herrenhof wird im März 1933 eine kleine Sensation gefeiert. Der jungen Hilde Spiel ist es gelungen, ihren ersten Roman im angesehenen Zsolnay Verlag zu veröffentlichen. Seit knapp fünf Jahren kommt die 22-Jährige regelmäßig ins Herrenhof. Das »Heho«, wie das Kaffeehaus von seinem Stammpublikum genannt wird, ist in den späten Zwanziger- und frühen Dreißigerjahren wichtigster Treffpunkt der Wiener Literaturszene. Franz Werfel, Gina Kaus, Robert Musil trinken hier ihren Mokka. Wer erfolgreich sein will, muss sich ab und zu im Heho blicken lassen. Das heißt jedoch nicht, dass all die bleichen Gesichter, die dort jeden Tag vom Nachmittag bis in den späten Abend an den Marmortischen sitzen, regelmäßig in den Feuilletons auftauchen. Die meisten von ihnen warten vergeblich auf einen Verleger für ihre Arbeiten.

In Wien gibt es zu dieser Zeit nur wenige Verlage, manche Autorinnen und Autoren wandern nach Berlin ab, wie Vicki Baum, veröffentlichen bei Ullstein oder Fischer. Den Literaten und Schriftstellerinnen geht es schlecht in diesen Zwischenkriegsjahren. Es gibt viele Zeitungen, aber die zahlen nicht gut. Und ein gedruckter Artikel pro Monat ist das Äußerste, was man erwarten kann. Für Hilde Spiel ist es daher ein Riesenerfolg, dass sie für ihren Erstling *Kati auf der Brücke* obendrein noch den Literaturpreis der Stadt Wien bekommen soll.

Hilde Spiel übt sich bereits seit einigen Jahren im Schreiben von Kurzgeschichten und Artikeln, die sporadisch in den Wiener Tageszeitungen erscheinen. Gefördert hat diese Karriere unter anderem Eugenie Schwarzwald. Ihre fortschrittliche »Frauenoberschule«, die hauptsächlich Töchter aus jüdischen und christlichen Intellektuellenfamilien absolvieren, besucht Hilde Spiel bis 1928.

Die schlimmen Jahre scheinen vorbei: Die noch andauernde Armut, die Inflation, die unveränderte Arbeitslosigkeit werden für Geburtswehen der demokratischen Republik gehalten. So schwingt sich am Nationalfeiertag im November 1928 auch Hilde Spiel in ihrer »Republikrede«, die sie im hellen Festsaal der Schule hält, zu einem Bekenntnis der Treue und Liebe zu diesem Staatswesen auf. Es ist ein Jahr nach dem Brand des Wiener Justizpalastes 1927, bei dem die Republik zum ersten Mal seit ihrer Gründung durch einen blutigen Zusammenstoß zwischen Volk und Exekutive erschüttert worden ist. Der Freispruch rechtsgerichteter Mörder hat den Angriff empörter Arbeiter auf den Sitz der österreichischen Rechtssprechung ausgelöst. Bei der Niederschlagung durch die Polizei werden viele Hunderte verletzt, fast hundert Menschen sterben. Hilde Spiel ist von der politischen Situation noch nicht unmittelbar berührt, spürt bislang nichts vom zunehmenden Antisemitismus in der österreichischen Hauptstadt.

Ihre Eltern, beide aus traditionsreichen jüdischen Familien, sind zum Katholizismus konvertiert. Hilde Spiel wird 1911 im Wiener Vorort Döbling geboren, zur Zeit der niedergehenden K.-u.-K.-Monarchie. 68 Jahre hat Kaiser Franz Joseph das Donaureich regiert. Mit seinem Tod 1916 geht eine Ära zu Ende.

Nach dem Krieg ist bei Spiels das Geld immer knapp. Nie reicht das Gehalt, das Hildes Vater, ein promovierter Chemiker, nach Hause bringt. Doch im Fasching werden alle Feste mitgefeiert. Die lebenslustigen Eltern sparen lieber am Notwendigen als auf ein Kostümfest zu verzichten; sie wollen ihren gewohnten Lebensstil beibehalten. Auch ein Dienstmädchen und eine Friseurin, die täglich ins Haus kommt, gehören zu diesem Standard. Abendelang wird über moderne Kunst diskutiert, junge Kubisten und Expressionisten gehören zum elterlichen Freundeskreis. Die Tochter liest leidenschaftlich gern, am liebsten Hugo von Hofmannsthal und Virginia Woolf. Wenn die Mutter nachmittags zum Bridge geht, hängt Hilde sich ans Telefon und ruft ihre Freundin Stella an – um mit ihr, in verteilten Rollen, Schnitzlers *Reigen* zu deklamieren. Das kann die eine oder andere Stunde dauern. Die liberalen Eltern lassen ihre Tochter früh allein ins Theater gehen. Natürlich reicht das Geld nur für einen Stehplatz im Burgtheater oder im Theater in der Josefstadt, aber das tut dem Genuss an Max Reinhardts Inszenierungen keinen Abbruch.

1926 wechselt Hilde Spiel von der Mittelschule zur reformpädagogischen Schule von Eugenie Schwarzwald. Die Schwarzwaldschule liegt mitten in der Innenstadt, in den obersten Etagen des Gebäudes, in dem sich unten das Café Herrenhof befindet. Was liegt da näher, als sich für manch anstrengende Lateinstunde mit einer Pause im Kaffeehaus zu belohnen? 1928 werden diese Besuche häufiger, oft wird die Schülerin jetzt von Hans Bekessy begleitet,

Im Café Herrenhof trifft sich »alles, was erotisch und revolutionär gesinnt« ist.

ihrer ersten Liebe. Bekessy wird später als Hans Habe in Amerika erfolgreicher Autor von Unterhaltungsromanen. Besonders begehrt ist im Herrenhof die journalistische »Stammtisch-Loge«. Auch Hilde Spiel darf sich mit an den Tisch setzen, wagt aber kaum den Mund aufzumachen. Sie beobachtet, sammelt Eindrücke, auf die sie bei ihrer literarischen Arbeit zurückgreift. »Junge Mädchen kamen eines Tages zum ersten Mal ins Café und betraten es danach Abend für Abend, bis ihre Stirnen sich zu furchen begannen und ihre Finger braun wurden vom Nikotin. Neuvermählte Paare erschienen strahlend, um sich Monate später bereits an verschiedenen Tischen niederzulassen. Junge Männer, die sechs Stunden über einem Kapuziner gesessen und ein Heft nach dem anderen vollgeschrieben hatten, kündigten plötzlich die Annahme ihres Manuskriptes durch eine Bestellung von zwei Eiern im Glas mit einem Butterbrot an.«[17]

Neben den Kaffeehausbesuchen ist Hildes zweite Leidenschaft der Sport. Damit liegt sie ganz im Zeitgeist, der in den Zwanzigerjahren die körperliche Ertüchtigung durch sportliche Betätigung propagiert. Die Zahl der öffentlichen Badeanstalten, Schwimmschulen und Freibäder steigt in Wien rapide an. Hilde Spiel nimmt an Schwimmwettkämpfen teil, und im Winter wird sonntags früh aufgestanden, um mit dem ersten Zug um fünf Uhr in die Skigebiete um den Semmering zu fahren.

An der Wiener Universität beginnt die 18-Jährige ein Germanistikstudium, wechselt aber bald zu Philosophie und Psychologie. Sie ist fasziniert von ihrer Psychologieprofessorin Charlotte Bühler, die stets in »existenzialistisches« Schwarz gekleidet ist und das dunkle Haar modisch kurz geschnitten trägt. Bei einer Vorlesung fällt ihr auf, »daß die langen weißen Finger der Professorin in blutrot lackierten Nägeln enden. Das ist einer der revolutionierendsten Eindrücke dieses ersten Semesters, ein so knappes und bildhaftes Signal der emanzipierten Frau … Den völkischen Kommilitoninnen, die in ihren Dirndlkleidern muffig herumsitzen, ist sie nicht geheuer.«[18]

In ihrem ersten Studienjahr besucht Hilde Spiel auch die Vorlesungen von Karl Kraus. Ihre Bewunderung seiner klaren Formulierungen mischt sich mit Skepsis gegenüber seinen dogmatischen Belehrungen. »Heine und Hofmannsthal, Bernhard Shaw und jede Zeile von Stefan Zweig oder Werfel abzulehnen, nur weil

Kraus sie verachtet, fällt mir nicht ein.« Doch fühlt sie sich beim Schreiben zeitlebens von dem Sprachmeister »über die Schulter geschaut«. Ihre ersten Gedichte und Erzählungen werden veröffentlicht, vorwiegend in liberal beziehungsweise sozialdemokratisch ausgerichteten Medien, die gegenüber Frauen als Autorinnen relativ aufgeschlossen sind. Meist geht es um junge Frauen, kleine Liebesabenteuer, romantische Schwärmereien, Probleme zwischen Männern und Frauen. Schon in diesen frühen Arbeiten schreibt Hilde Spiel mit großer sprachlicher Sicherheit, in klarem, gut lesbarem Stil, für den sie später als erfolgreiche Journalistin noch oft gelobt wird.

Das Leben an der Universität empfindet sie zunehmend als anstrengend und heuchlerisch, da man, um sich nicht unbeliebt zu machen, den Anschein der Oberflächlichkeit erwecken muss. Sie stellt fest: »Analytisches Talent, die Gabe zu durchdringender Einsicht wurden durch argloses Aussehen abgeschirmt, durch mattes Gewitzel und häufiges ... Gelächter. Sobald jemandes Gesicht einen unverhüllten Ausdruck der Ernsthaftigkeit oder gar des angestrengten Nachdenkens annahm, geriet er in Gefahr, als Roter oder gar als Jude abgelehnt zu werden.«[19]

Um sich die letzte Etappe ihres Studiums zu finanzieren, arbeitet Hilde Spiel ab 1933 in der Wirtschaftspsychologischen Forschungsstelle der Universität. Hier wird ihr Sinn für soziale Probleme geschärft. Die meisten Mitglieder der Forschungsstelle stehen politisch links. Wie ihre Kolleginnen und Kollegen begeistert sich die Studentin für die Errungenschaften des »Roten Wien«, die Verdienste der Sozialisten in der Kommunalpolitik, wie Gemeindebauten, Fürsorgeeinrichtungen, Volkshochschulen und Arbeiterbüchereien.

Als in diesem Jahr Hitler in Deutschland an die Macht kommt, tritt Hilde Spiel »demonstrativ« der sozialdemokratischen Partei bei. Sie besucht Versammlungen, auf denen gegen die Machtübernahme im Nachbarland protestiert und den rechten Gruppierungen aller Art daheim der Kampf angesagt wird.

Dies ist auch das Jahr ihres Romandebüts. Die Autorin genießt den lokalen Ruhm, den die Geschichte über das Erwachsenwerden einer jungen Frau ihr eingetragen hat. Für Studien zu einem neuen Buch fährt sie einen Monat nach Paris. Dort mokiert sich die Bevölkerung über die ersten *Chez nous,* Emigrantinnen und Emigranten aus Deutschland, die vor dem heimischen Regime nach Paris flüchten und dort jammern, um wie viel besser alles zu Hause, »chez nous«, gewesen sei. Auf dem Rückweg nach Wien macht Hilde Spiel in Zürich Halt, besucht dort Erika Manns Exil-Kabarett *Pfeffermühle* und schreibt darüber ihre erste Theaterkritik, die in der *Neuen Freien Presse* veröffentlicht wird.

Noch sind in Österreich positive Rezensionen politisch linker Stücke möglich. Aber das Land ist auf dem Weg zur austrofaschistischen Diktatur. Im Februar 1934 kommt es zum Bürgerkrieg. Das Militär rollt durch die Straßen, legt die Gemeindebauten in Trümmer. Blutige Kämpfe toben in Wiens Bahnhöfen, Arbeiterheimen und Schulen. Die Bilanz nach drei Tagen: viele Hundert Tote, Tausende Verwundete. Die »Vaterländische Front« geht gestärkt aus diesen Kämpfen hervor. Alle anderen Parteien, die Sozialdemokraten als Erste, werden verboten, ebenso deren Presseorgane. Hilde Spiel entgeht nur knapp dem Gefängnis, da sie an dem Tag, als sämtliche Mitglieder der Forschungsstelle verhaftet werden, zufällig nicht im Institut ist. Zusammen mit der langjährigen Hausangestellten ihrer Eltern, einer überzeugten Sozialistin, organisiert sie – »hinter dem Rücken der ›Herrschaft‹«, denn die Eltern sind alles andere als sozialistisch – einen Kurierdienst zwischen untergetauchten Arbeitern und britischen Hilfsorganisationen sowie der Labour Party.

Nach diesem Februar steht für Hilde Spiel fest: Sie will noch ihr Studium beenden, dann aber schleunigst das Land verlassen. Die Forschungsstelle ist geschlossen und die 22-Jährige studiert jetzt umso intensiver, sammelt Material für ihre Doktorarbeit, schreibt an einem neuen Roman. Thema ihres zweiten Buches soll das Reisen sein. Wie in ihrem Erstling verarbeitet die Autorin eigene Erfahrungen. Aber der Zsolnay Verlag lehnt das Manuskript ab – nicht wegen der Qualität, sondern wegen seiner politischen Anspielungen. Schließlich will der Verlag auch in Deutschland verkaufen. Nach dem so vielversprechenden Start ihrer schriftstellerischen Karriere ist dies eine herbe Enttäuschung für die junge Autorin. Sie versucht es mit einer unverfänglichen Geschichte, einem Sommerroman über eine Gruppe junger Leute, ihre Flirts, ihre Gefühle. »Ich schreibe ein Puschelbuch, ich schreibe eine Flunkerei ohne Hand und Fuß«, notiert sie selbstkritisch in ihrem Tagebuch. *Verwirrung am Wolfgangsee* heißt die Geschichte, ein Titel, über den Hilde Spiel sich lebenslang ärgert, weil er nach Illustrierte klingt »und nach Vicki Baum«. Es wird für lange Zeit das letzte Buch bleiben, das sie in ihrer Muttersprache schreibt.

Sie besucht jetzt öfter das Café Schottentor, gegenüber der Universität, spricht morgens im Bühler-Seminar über die Grundzüge ihrer Doktorarbeit, zieht abends mit Freundinnen und Freunden durch die Lokale. Es wird viel getrunken, viel gelacht – und immer öfter sitzen auch politische Gegenspieler scherzend mit am Tisch. Wie Hilde Spiels früherer Liebhaber Hans Bekessy, mittlerweile in der Uniform der nationalistischen Heimwehr und bald in leitender Position beim austrofaschistischen Pressedienst. »Ich hatte vor allem Angst vor meiner eigenen Kompromißfähigkeit. Ich konnte in diesem Ständestaat nicht atmen, merkte jedoch auf der anderen Seite, daß ich mich ein bißchen … einließ mit Leuten, die meine Gegner waren, nur weil sie charmant und reizend waren und gut aussahen. Ich fühlte mich innerlich verschlampend.«[20] Auch um sich den Rückzug auf einen faulen Kompromiss, den »Rückzug auf diese Versuchungen« abzuschneiden, will Hilde Spiel das Land verlassen. Unterstützt wird sie darin von Peter de Mendelssohn, einem Berliner Journalisten, mit dem sie, neben anderen Amouren, seit 1934 liiert ist.

»Gratuliere, Frau Doktor!«, schallt es der 25-Jährigen entgegen, als sie das Café Schottentor betritt. Wie bei diesem Anlass üblich, haben sich die Kellner im Spalier aufgestellt, um gemeinsam ihre Glückwünsche zu verkünden. 1936. Die Promotion ist geschafft. Mit Auszeichnung. Doktor Hilde Spiel schreibt ab sofort nur noch mit schlichter schwarzer Tinte statt in Grün, lässt sich ihre blond getönten Haare dunkel färben. Für den

Herbst plant sie ihre Ausreise. Sie nimmt die Einladung eines Freundes an und verbringt den Sommer in Italien, belegt Kurse an der Sommeruniversität von Perugia, reist mit dem Schriftsteller Alberto Moravia nach Capri. In *Flöte und Trommeln* wird sie diese Erlebnisse verarbeiten – als Geschichte der jungen Sandra, die sich auf dem Weg in den Süden von ihrem Freund trennt und sich mit kleinen Jobs bis nach Sizilien durchschlägt.

Am 24. Oktober 1936 verlässt Hilde Spiel ihre Heimatstadt, fährt über München und Paris an die französische Küste und setzt an einem grauen Nachmittag nach England über, wo Peter de Mendelssohn bereits auf sie wartet. Die beiden mieten in London eine kleine möblierte Wohnung, heiraten, arbeiten an ihren Romanen, machen Übersetzungen, leben »immer an der Kante einer Kluft entlang, stets dem Absturz nah«. Durch ihre frühzeitige Auswanderung bleiben ihnen Demütigungen der Einwanderungsbehörde und Internierung erspart, wie es diejenigen erleben, die erst später ins Land kommen.

Das Ehepaar hat schnell Kontakt zu Kolleginnen und Kollegen, führt eine Art literarischen Emigrantenkreis. 1939 organisieren sie die Ausreise von Spiels Eltern aus Wien. Im gleichen Jahr erscheint der Italienroman *Flute and Drums*. Hilde Spiel schreibt nun in englischer Sprache, perfektioniert diese Kenntnisse durch tägliche intensive Zeitungslektüre. Seit Kriegsausbruch sprechen die Eheleute nur noch Englisch, auch mit Tochter und Sohn, die in den Kriegsjahren geboren werden. So laufen sie nicht Gefahr, als »feindliche Ausländer« interniert zu werden – wie es vielen Deutsch sprechenden Emigrantinnen und Emigranten in dieser Zeit passiert.

Peter de Mendelssohn und Hilde Spiel

Zehn Jahre nach ihrer Ausreise kommt Hilde Spiel Anfang 1946 in britischer Uniform zum ersten Mal wieder in ihre Geburtsstadt. Die 35-Jährige ist jetzt Kriegskorrespondentin der kulturpolitischen Wochenzeitschrift *New Statesman*. Das Tagebuch dieses fünfwöchigen Aufenthalts titelt sie *Rückkehr nach Wien*.

Maria Jeritza in ihrer berühmten Rolle als Tosca

BÜHNENZAUBER

Schillernde Diva – inniges Lottchen

Wien 1915. Eine leidenschaftliche Frau wird wahnsinnig, der Geliebte erstickt qualvoll in einer Kiste, den Ehemann ereilt das gleiche Schicksal – und eine aufgekratzte Menge klatscht Beifall. *Mona Lisa* heißt das Stück, »Verismo« ist das Zauberwort, das die Opernbühnen Europas revolutioniert hat. Italienische Komponisten bringen sozialkritische Themen auf die Bühne, fordern die Auseinandersetzung des Publikums mit dem »wahrhaftigen Leben«. Große Gefühle, psychologische Zusammenhänge werden getextet und komponiert, Gestik, Mimik und Bewegung ersetzen den starren Ziergesang des 18. Jahrhunderts. Um die Geschichte von Ehebruch, Vergewaltigung, Sadismus und Mord realitätsnah und packend rüberzubringen, besucht Maria Jeritza, die seit drei Jahren an der Hofoper singt, die Wiener Nervenheilanstalt. »Ich hatte niemals vorher eine Rolle gespielt, die die Bezirke des Irrsinns streifte, und ich fand es notwendig, einen Vergleich aus dem Leben zu haben.«[1]

Aufgewachsen in einer Handwerkerfamilie in Brünn, mit Musikschule und zusätzlichen Privatstunden »wegen des Talents«, studiert Maria mit 15 Jahren die typischen Rollenpartien für ihre Sopranstimme. Ihr erstes Engagement als Hauptdarstellerin hat sie in der Nachbarstadt, singt schon als 18-Jährige große Wagner-Rollen. Für das neue Leben als Opernstar wird aus Mizzi Jedlicka Maria

Jeritza, mit strahlender Stimme, großer Scheu und viel Lampenfieber. »Ich fürchte, meine Leistungen damals waren alles andere als perfekt. Als ich das erstemal Gretchens Juwelen-Arie sang, ich glaube da gingen mir so viele Noten verloren, daß sie die Reinigungsfrauen am nächsten Morgen beim Aufwaschen über die ganze Bühne verstreut gefunden haben mußten.«[2]

Der Start auf den Brettern ist hart, aber er glückt. Mit Bravour meistert sie auch die übliche Benefizvorstellung, ein Publikumstest für die Beliebtheit, bei dem die Bühnenstars mit Geschenken überhäuft werden. »Wenn man auf der Bühne erschien, wurde man mit einem frenetischen Applaus empfangen. Da hatte man still zu stehen, feuchte Augen zu bekommen und gerührt zu flüstern. War das Haus voll und es stand dafür, flüsterte man: ›Oh, das ist zuviel. Ihr beschämt mich – Dank – Dank!‹ War es leer und eine Pleite, murmelte man vor sich hin: ›Schweinebande, Banausenbande, dreckige!‹«[3]

Mit dem »Glanz ihrer hohen Töne« und der sympathischen Ausstrahlung ist die Sopranistin neue Kleinstadtprimadonna. Die darstellerischen Leistungen lassen noch zu wünschen übrig – sie ist kein Naturtalent, ihr Alltag sind Übung und harte Arbeit.

1907 kommt Maria Jeritza nach Wien an die Volksoper. Die Kritik nimmt allmählich Notiz von ihr, nennt sie »wertvolle Bereicherung«. Bald holt der Theaterzauberer Max Reinhardt sie für Offenbachs *Schöne Helena* nach München. Bei ihm genießt sie individuellen Schauspielunterricht, lernt ihren Körper gezielt einzusetzen: »Er hat mich von Tischen heruntergeworfen, Stühlen heruntergeworfen, bis ich glaubte, er hätte mir alle Knochen im Körper gebrochen.« Die Premiere wird ein Erfolg, Mizzi eine begehrte Helena – und die Volksoper hat einen neuen Star.

Dann geht es Vorhang auf Vorhang, Hauptrolle auf Hauptrolle – bis die Hofoper sich meldet. Spektakulär ist das dortige Debüt, »die wohlbelichtete ›keusche‹ Verschleierung dieser vom goldenen Scheitelhaar bis zur rosigen Fußspitze nackten Aphrodite läßt den Körper wie transparent erscheinen und ist wohl das Höchste, was im Anschauungsunterrichte für die reifere Jugend bisher auf einer Hofbühne geleistet worden ist«.[4] Die Nacktsängerin erhält Ovationen auf offener Szene.

In die Annalen der Operngeschichte geht Maria Jeritza durch ihre erste Uraufführung im Herbst 1912 ein: Sie singt die Titelrolle in Richard Strauss' *Ariadne*. Für den im deutschen Sprachraum angesehensten Komponisten (nicht zu verwechseln mit dem Walzerkönig) zu singen, mit internationalen Stars auf der Bühne, vor den Augen der gesamten musikalischen Welt: welch ein Glücksmoment! Hier lernt Mizzi – noch steht dieser Name auf dem Theaterzettel – die Wiener Tänzerin Grete Wiesenthal kennen, die in einer Pantomime den Küchenjungen spielt. Die 25-jährige Jeritza besteht ohne Probleme in der illustren Gesellschaft. In Wien singt sie am Ende der Saison an beiden Opernhäusern, oft drei Aufführungen an zwei Tagen. Dass ihr Vertrag mit der Volksoper ausläuft und sie endlich vollwertiges Hofopernmitglied wird, kommt ihr daher sehr gelegen. Wien wird jetzt zur Strauss-Stadt; in sieben Jahren gibt es bis 1918 drei große Premieren dieses Komponisten, alle mit Maria Jeritza.

Zunächst aber ist sie *Das Mädchen aus dem goldenen Westen* und führt Puccinis Oper zu einem Sensationserfolg, denn »die blonde Squaw Jeritza war das Mädchen Minnie so anmutsvoll, so beherzt und voll solcher Leidenschaft und beseelter Kraft der jauchzenden Stimme, daß es vielleicht die eindrucksvollste Leistung der Künstlerin geworden ist«. In ganz Europa wie auch später in den USA ist Maria Jeritza Garantin für die Popularität des Werkes. Keine andere Rolle singt sie über eine so lange Zeit – allein in der ersten Saison knapp dreißigmal. Der Tenor Alfred Piccaver wird in weiteren Verismo-Opern ihr idealer Partner. Seine weiche lyrische Stimme harmoniert ideal mit ihrer strahlenden Leuchtkraft. Nur schauspielerisch hat er nicht viel drauf, ist konventionell, fast leidenschaftslos. Trotzdem: Auf ein solches Paar hat Wien lange gewartet.

Doch der Opernhimmel trübt sich. Der Erste Weltkrieg beginnt – sofort wird der Opernbetrieb auf vier Abende pro Woche reduziert. Auf dem Spielplan stehen nur noch tote Franzosen und Italiener, Verdi heißt nicht mehr Giuseppe, sondern Josef, und Opern wie *Bohème*, *Cavalleria* oder *Bajazzo* scheinen nicht mehr zu existieren. Patriotische Kriegszeiten verbieten »feindliche« Komponisten und ihre Werke. Im nächsten Jahr werden die Eintrittskarten drastisch teurer – das Haus ist trotzdem voll.

Die Jeritza spielt jetzt die vielschichtigen Frauengestalten, die eine große Portion Theatralik vertragen. Sie lebt ihr Theatertemperament aus, in Ausbrüchen, vor allem durch Kontrastwirkungen. »Nach Bedarf gefolterte Dulderin und dämonische Rachegöttin, hat sie

Maria Jeritza und Richard Strauss

erschütternde Schreie der Leidenschaft und ergreifende Schmerzlaute und multipliziert schließlich die Tosca mit der Elektra.«[5]

Einen ganz anderen Bühnenstil verkörpert Lotte Lehmann. Diese ebenfalls jugendlich-dramatische Sopranistin singt nicht Töne, sondern Gebärden, nicht Phrasen, sondern Empfindungen. Mit einer Intensität, die bisweilen zu Tränen rührt. Mit einer Stimme von sinnlicher Schönheit und innigster Wärme.

1914 kommt Lotte Lehmann an die Hofoper und Wien wird ihre künstlerische Heimat. Für viele Musikbegeisterte gilt die Deutsche als die wienerischste aller Sängerinnen. Die opernbegeisterten Gymnasiasten auf der vierten Galerie schwärmen für Sängerinnen – LL aber, wie Lotte Lehmann bald genannt wird, lieben sie.

Mit Jeritza und Lehmann hat der Opernchef die interessantesten deutschsprachigen Sängerinnen an sein Haus geholt. Völlig verschieden in Wesen und Temperament, verkörpern sie auch unterschiedliche Bühnengestalten. Lotte Lehmann, mit bravem Mittelscheitel und äußerlich eher unscheinbar, singt die fraulichen, romantisch empfindsamen Partien. Maria Jeritza hat das gewisse Etwas, »ihr goldenes Haar, ihre verführerischen blauen Silberblick-Augen, ihre unbeschreiblich schönen Hände und die längsten Beine auf der Bühne blieben nicht eben unbemerkt«. Sie ist die Diva des Theaters (»sie gab sich aus, verströmte sich, juchzte, jauchzte – und sie japste«), Lotte Lehmann ist eine große Musikerin. Jeritzas Gesangstechnik ist nicht perfekt. Aber darüber, findet ein Kritiker, müsse man nicht reden. Schließlich beklage sich auch niemand, dass die Venus von Milo keine Arme hat. Manchmal stehen die beiden Sopranistinnen gemeinsam auf der Bühne – das bedeutet »Manna für die Abendkasse«. Dann müssen ihre Fans getrennte Ausgänge benutzen, sonst gibt es »veritable Schlachten«.

Mit knapp 30 Jahren hat Maria Jeritza den Durchbruch als Singschauspielerin geschafft; eine erstaunliche Einheit von Darstellung und Gesang hebt sie weit über eine klassische Opernsängerin hinaus, als »heißblütig singende Charakterspielerin« kreiert sie fast ein eigenes Fach. Die letzten Aufführungen an der Hofoper kurz vor Kriegsende zeigen die Bandbreite der Künstlerin. Janaceks mährische Nationaloper *Jenufa* bricht radikal mit bisherigen Kompositionsmethoden und bringt zudem im Stil des Naturalismus gesellschaftliche Probleme und bäuerliches Leben auf die Bühne. Nach der Prager Uraufführung 1916 hatte sich kein Opernhaus an dieses Stück herangewagt – Jeritza in der Titelrolle sorgt für eine grandiose Wiener Premiere. Ihre *Salome* ist für den österreichischen Klerus zu viel: eine Femme fatale, die sich vor ihrem königlichen Stiefvater im »Tanz der sieben Schleier« windet, am Ende nackt dasteht und zur Belohnung den Kopf Johannes des Täufers fordert!

1918 hat die Republik Österreich Premiere. Das Hofburgtheater heißt nun Burgtheater, das Hofoperntheater Staatsoper, Richard Strauss wird deren Direktor. Musik spielt in Wien weiter eine große Rolle. Viele Neureiche, Kriegsgewinnler, auch Schieber genannt, können sich jetzt die teuren Plätze leisten. Ein Großteil der Bevölkerung aber hungert. Nach der Währungsreform von 1924 kommt die nächste Krise und sorgt für leere Theater und Opernhäuser. Die sozialdemokratische Regierung der Stadt macht Kulturarbeit fürs Volk, gründet Arbeiterbüchereien und -theatervereine. Dazu kommen neue Institutionen wie die sozialdemokratische Kunststelle, die sozialistische Bildungszentrale und der Zentralrat geistiger Arbeiter. Alle organisieren und sponsern Besuche in Theater und Oper.

Für Maria Jeritza beginnt die neue Ära mit einer »Parforcetour veristischer Schauspielkunst«, Mascagnis *Cavalleria rusticana,* der sizilianischen Bauernoper um das Mädchen Santuzza und den Dorf-Don-Juan Turiddu. Diese Alternative zu den Tragödien im Stil der Grand opéra und der mystischen Düsterkeit Wagners zeigt alle traditionellen Opernkonflikte: Liebe, Verführung, Untreue, Eifersucht, Mord, dazu Trinklied und Gebet – alles in knapp 90 Minuten. »Eine Rolle, die nach Frau Jeritza rief, ist ihr endlich zugefallen. Sie gab sie mit ihrer genialen Gestaltungskraft. ... Echt die Santuzza-Schreie, echt das Zubodenstürzen der Mißhandelten. Einmal läßt sich Frau Jeritza von Turiddu buchstäblich brutal die Treppe vor die Kirchentür hinabwerfen.«[6]

Stets kulminiert die Handlung im Sturz über die Treppe. Von dort flucht Santuzza ihrem Geliebten Turiddu hinterher: »Auf dich die roten Ostern! Treuloser!« Ein typischer Jeritza-Effekt, der den Höhepunkt – Santuzza sucht vergeblich den Liebsten zurückzugewinnen – kraftvoll betont und nie seine Wirkung verfehlt. Nur Jeritzas Partner Piccaver ist nicht immer begeistert, versucht auch schon mal, den spektakulären Sturz der Partnerin zu verhindern: Nach seinen letzten Worten dreht er sich rasch zur Tür, ohne Santuzza-Maria den vereinbarten Stoß zu geben. Doch die Jeritza erkennt seine Absicht, hält ihn fest und zieht ihn an sich, als wolle sie ihn umarmen. Instinktiv hebt Piccaver die Hände, will sie abwehren – da stößt sie sich ab und stürzt die Stufen hinunter. Der Boykott eines Tenors: vergeblich!

1919 wird aus der Kammersängerin Jeritza eine Baronin. In zweiter Ehe heiratet sie einen Freiherrn, und der managt ab sofort die Karriere seiner Frau. Lange Nächte, ausgelassene Feste sind eher selten – stattdessen gibt es eine Diät mit Ananassaft.

Das Wiener Opern-Highlight 1920 ist die *Tosca* von Puccini – für die Jeritza eine Paraderolle: die Primadonna als Primadonna! Kritiker bemühen Superlative, befinden die Leistungen der Hauptpersonen »von künstlerisch außerordentlicher Vollendung, gegenwärtig unter allen Opernbühnen der Welt einzigartig«. Dieses Urteil kommt der Jeritza gerade recht – ist sie doch auf dem Sprung, fremdes Terrain zu erobern. Das mächtigste Opernhaus der Welt bietet ihr einen Vertrag als »prima donna soprano«. Um dem Titel gerecht zu werden, singt sie – quasi als Generalprobe für die New Yorker Metropolitan Opera – flugs in italienischer Sprache. Und im *Neuen Wiener Journal* von 1921 heißt es dann: »Der Abschied der Jeritza vom Wiener Publikum führte in italienische Regionen der Begeisterung. Das war nach der ›Aida‹. Bei einer großen Schneiderfirma war der ›amerikanische Trousseau‹ der Diva ausgestellt. Ganz wie in Paris. Die Menschen der Gesellschaft, die davon wußten, drängten sich in den Salon, wo Pelze, Kostüme, Straßen- und Bühnenkleider ausgestellt waren, die

Lotte Lehmann in *Die Frau ohne Schatten*, Wien 1919

Maria Jeritza in Amerika tragen wird. Es sollen fabelhafte Stücke gewesen sein, und man erzählte, das Ganze habe zehn Millionen gekostet. Doch das muß nicht wahr sein. Die Leute übertreiben gern, wenn es sich um einen Star, seine Launen oder seine Toiletten handelt. Aber es ist zu hoffen, daß das Gepäck der Jeritza, man spricht von einigen Dutzend Koffern, der Phantasie amerikanischer Reporter genügen wird.«[7]

Jeritzas Tosca an der »Met« ist phänomenal. Dieser völlig neue Typ erweitert das amerikanische Opernleben entscheidend: um die Schauspielkunst. Damit macht die Jeritza Interpretationsgeschichte. Das Publikum feiert sie »als Verwirklichung seiner Ideale«, die Presse nennt sie »eine der größten Zugkräfte der Metropolitan seit langer Zeit«, die zudem von erregender Schönheit und Intensität sei – kurz: eine Tosca der Extraklasse! Die Met wird ihr Stammhaus für über zehn Jahre, die Jeritza pendelt nun zwischen Wien und New York.

Lotte Lehmann steht zu dieser Zeit nicht so hoch in der Gunst der Wiener Gesellschaft. Ihr Verhältnis zu einem verheirateten Baron wirft Schatten auf ihre Beliebtheit. Aber nach seiner Scheidung und ihrer Heirat 1926 verzeihen Presse und Publikum die amourösen Eskapaden schnell, denn »nichts geht dem Wiener näher als ›seine Oper‹« und das Leben seiner Stars.

In der Bizet-Oper *Carmen* stehen Lotte Lehmann und Maria Jeritza gemeinsam auf der Bühne: »Mme Jeritza war überaus beschäftigt. Sie unternahm einen heftigen Anlauf zu einem spanischen Tanz; sie rekelte sich auf Tischen und in Stühlen, legte Männern ihre Füße auf die Beine, sprang auf Tische und steckte sich, sogar während des Singens, Zigaretten an.«[8] Kokett, leidenschaftlich und furchtlos beherrscht die Jeritza die Szenerie, Lotte Lehmann als Carmens Gegenpart Micaela bleibt am Rande des Geschehens.

Im März 1930 betritt Maria Jeritza die Bühne als Brünnhilde in Wagners *Walküre:* endlich eine jugendlich-strahlende Wotanstochter, fern der Walhall-Schablone, keine gesetzte Hochdramatische. »Dieser anmutigen, biegsamen Walküre würde man eher ein siegreiches Tennis- oder Polomatch als einen siegfrohen, blutigen Kampf zutrauen«, stellt die *Wiener Zeitung* fest.[9]

Während die Jeritza an der Met singt, ist die Lehmann an der Covent Garden Opera London engagiert, gibt Gastspiele in Europas Hauptstädten und feiert Erfolge bei den alljährlichen Salzburger Festspielen.

1934 gibt Lotte Lehmann ein Konzert in Dresden, wird per Telefon umgehend nach Berlin bestellt – zu einem Treffen mit Hermann Göring, Reichsinnenminister der deutschen Nationalsozialisten. Er will Lehmann als Nationalsängerin, verspricht ihr eine hohe Gage, eine Pension, eine Villa und nur gute Kritiken: Wer es wage, sie zu kritisieren, werde liquidiert. Lotte Lehmann lacht, hält das Ganze für einen Witz. Außerdem »habe sie nun mal eine Vorliebe für die Wiener Oper«. Und Görings Bedingung, nach Vertragsabschluss nur noch im Deutschen Reich zu singen, lehnt sie entschieden ab, schließlich sei »Musik eine internationale Sprache«. Trotz ihrer Ablehnung schickt der Reichsminister ihr einen Vertrag. Sie reagiert schriftlich mit offenen Angriffen auf das deutsche Regime. Und merkt, wie gefährlich die politische Lage inzwischen ist. »Ich beschloß, ganz in den Staaten zu bleiben. Das war 1938, als Adolf Hitler einmarschierte. Ich war ja sozusagen arisch (dies herrliche Wort!) und hätte aus diesem Grunde nichts zu befürchten gehabt. Aber da war der Krach mit Göring gewesen, dem das Verbot folgte, daß ich in Deutschland nicht mehr singen durfte. So glaubte ich, daß man mich einsperren oder mit mir sonst etwas machen würde, wenn diese Bande Wien eingenommen hätte. Aber selbst wenn ich das nicht befürchtet hätte: ich bin ein sehr freiheitsliebender Mensch, und ich hätte auf jeden Fall Wien verlassen, denn in Unfreiheit und unter Zwang leben, das Grauen vor Augen ... Nein! Alle Welt wußte, daß ich gegen das Regime war. So bin ich weggegangen und habe mich ganz in Amerika niedergelassen.«[10]

Mit der Saison 1931/32 endet Jeritzas Vertrag an der Metropolitan Opera. In Zeiten der Weltwirtschaftskrise kann sich die Met so eine teure Primadonna nicht mehr leisten. Die Diva wird Reisesängerin, tourt durch ganz Amerika, verdient gigantische Summen. An der Wiener Staatsoper tritt sie jetzt immer seltener auf, gibt 1935 als Tosca ihre letzte Vorstellung. Im gleichen Jahr heiratet sie nach der Scheidung von Ehemann Nummer zwei einen amerikanischen Filmboss. Mit ihm lebt sie in Kalifornien, gibt Gastspiele, Konzerte und Wohltätigkeitsveranstaltungen. Ihr Haus in Beverly Hills wird Anlaufstelle für österreichische und deutsche Künstlerinnen und Künstler auf ihrer Flucht vor der NS-Diktatur.

Jüdinnen und Juden warten vor einem Wiener Polizeikommissariat auf ihre Pässe.

NEUANFÄNGE

»Was uns Emigranten einigt, uns unbewußt verbindet, ist das gemeinsame Erlebnis. Der große Bruch. Daß wir alle in der Mitte unseres Lebens umlernen, neu anfangen mußten«, schreibt Gina Kaus in ihren Memoiren *Von Wien nach Hollywood,* die 1979, sechs Jahre vor ihrem Tod, erscheinen. London, Sydney, New York, Tel Aviv – Exilstationen, wo viele Wiener Künstlerinnen, von denen in diesem Buch die Rede ist, ein neues Leben begannen. Die Anfänge waren oft mühsam, aber aufgegeben hat fast keine.

Frauen fanden sich im Exil meistens besser zurecht als Männer, konnten sich eher auf die veränderten Situationen einstellen. Gina Kaus trennte sich 1945 in Los Angeles von ihrem Ehemann. »Es gab da keine andere Frau, keinen anderen Mann. Ich konnte nur Eduards völlige Untätigkeit nicht länger ertragen ... Manchmal kam ich in der Mittagspause heim, um mit meiner Familie zu essen. Dann lag er meist noch im Bett. Eines Abends kam ich ziemlich müde nach Hause, ich setzte mich neben Eduard aufs Sofa und zündete mir eine Zigarette an. Wir plauderten. Nach einer Weile sagte ich: ›Gib mir mal den Aschenbecher.‹ Er rührte sich nicht. ›Nimm ihn dir selbst.‹ Ich sagte: ›Ich lasse mich scheiden.‹«[1]

Die erfolgreiche Wiener Schriftstellerin kann sich und ihre Familie auch im Exil vom Schreiben ernähren. Statt Romane verfasst sie nun Drehbücher für Hollywood. In diesem Stadtteil von Los Angeles lebt die »Nobelemigration« beisammen, wie Alma Mahler und Franz Werfel, Thomas Mann oder Lion Feuchtwanger. Für den Film zu schreiben, findet mancher Schriftsteller unter seiner Würde. Gina Kaus kann sich diese Einstellung nicht leisten und nimmt erst mal jeden Job an, den sie in den Studios kriegen kann. Sie wird eine bekannte Drehbuchautorin, ist bis in die Fünfzigerjahre erfolgreich. In Deutschland wird der Spielfilm *Teufel in Seide* nach ihrem Roman *Der Teufel nebenan* ein großer Kinoerfolg.

An der amerikanischen Westküste lässt sich auch Lotte Lehmann nieder, nachdem sie 1938 ihren Vertrag mit der Wiener Staatsoper gelöst hat. Sie kauft ein Anwesen im kalifornischen Santa Barbara, wohnt hier nach dem Tod ihres Mannes mit einer engen Freundin zwischen ihren vielen Tourneen durch die USA. 1945 beendet die 57-Jährige ihre Opernkarriere. »Ein schwarzer Tag für Amerikas Musikleben«, findet die *New York Post*, als LL 1951 ihr Abschiedskonzert gibt. Die Kritiken feiern sie als größte Liedersängerin ihrer Zeit, die das deutsche Kunstlied in Amerika populär gemacht hat. »The Lied« sagen die amerikanischen Musikbegeisterten und meinen Lotte Lehmann. Sie unterrichtet an der Music Academy, ist Malerin »aus Besessenheit«, inszeniert in der Spielzeit 1962/63 an der Met den *Rosenkavalier* und veröffentlicht mehrere Bücher. Anfang der Sechzigerjahre trifft sie bei einem Radiointerview Maria Jeritza – und erzählt danach von »zwei alten Katzen in Gestalt zweier halbtoter Primadonnen, die die ganze Zeit über wie

Teenager herumkicherten«. Die Jeritza versteckt sich hinter einer großen Brille mit dunklen Gläsern und viel Schmuck und »hat nicht die geringste Lust auf ein ernsthaftes Gespräch«.

Vier Doktorhüte kann Lotte Lehmann ehrenhalber aufsetzen, LL ist Ehrenmitglied der Wiener Staatsoper und trägt den Ehrenring der Wiener Philharmoniker. Ihr 77. Geburtstag im Februar 1965 wird in Santa Barbara zum Lotte-Lehmann-Tag erklärt. 1976 stirbt sie dort mit 88 Jahren und bekommt ein Ehrengrab auf dem Wiener Zentralfriedhof.

Maria Jeritza kommt mit ihrem vierten Ehemann 1950 nach Wien zurück und begeistert wieder alte und junge Opernfans. Die berühmte Sängerin Maria Jeritza singt die berühmte Sängerin Floria Tosca. »Da stürzen Applaus und Geschrei lawinenhaft nieder. Minutenlanges Tosen, Händeklatschen, begeisterndes Geschrei.« Erst 1953 tritt die »Duse der Oper« unter Riesenovationen endgültig von der Bühne ab. Sie sponsert den Wiederaufbau der Wiener Staatsoper, sitzt als kritische Zuhörerin in ihrer Loge der Met, fördert junge Talente und genießt bis zu ihrem Tod 1982 in ihrem Haus bei New York ein geselliges Leben.

Nach dem Einmarsch der deutschen Armee in Frankreich 1940 verkauft Dora Kallmus mit 59 Jahren ihr Fotoatelier. Bis zum Ende des Krieges versteckt sie sich in einem Kloster in Südfrankreich. Nach 1945 ändern sich ihre Themen und auch ihre Arbeitsweise drastisch. Unabhängig von Auftraggeberwünschen und gesellschaftlicher Anerkennung, verlässt sie das Atelier, fotografiert in österreichischen Flüchtlingslagern, dokumentiert Trauer und Resignation.

Mitte der Fünfzigerjahre beginnt sie, die Vegetarierin, mit einer Fotoserie über Pariser Schlachthöfe. Die 75-Jährige, die Katzen und Hunde ihr Leben lang um sich hat, richtet ihre Kamera nun auf enthäutete und geteilte Tierkadaver. Ein krasserer Gegensatz zu ihrer früheren Arbeit als Starfotografin lässt sich kaum vorstellen. 1958 ehrt die UNESCO Kallmus' Lebenswerk mit einer großen Ausstellung. Zu dem Überblick über ihr gesamtes Schaffen hält Jean Cocteau die Eröffnungsrede. Nach einem Verkehrsunfall ist Dora Kallmus pflegebedürftig, sehnt sich jetzt im Alter wieder zurück nach Österreich. Die letzten zwei Jahre bis zu ihrem Tod 1963 wird sie von einer Freundin in der Steiermark gepflegt.

Auch Trude Fleischmann gelingt mit Mitte vierzig eine zweite Karriere fern der Heimat. Mithilfe ihrer Freundin Helen Post baut sie sich in New York eine neue Existenz auf. Ab 1940 hat sie ein eigenes Atelier, gleichzeitig ihre Wohnung, im pulsierenden Theaterdistrikt an der 56. Straße, das sie zuerst gemeinsam mit Frank Elmer aus Wien führt. In Aufnahmen von Wolkenkratzern und Straßenschluchten teilt sie ihre Faszination von der Stadt mit. Als die Zeitschrift *Vogue* sie für Modeaufnahmen engagiert, macht sie das Shooting nicht wie üblich im Atelier, sondern geht mit den Models auf die Brooklyn Bridge. Eine Stahlkonstruktion als Laufsteg – das ist selbst in New York City außergewöhnlich. »In unseren Augen war sie immer ganz unkonventionell, sehr unabhängig, eben eine Bohemienne«, erzählt ihre Cousine Barbara R. Loss viele Jahre später.

Erst mit 75 Jahren gibt die Fotografin ihr Studio in Manhattan auf und geht zurück nach Europa, lebt 18 Jahre in Lugano in der italienischen Schweiz. Zunehmend gebrechlich, zieht sie zu ihrem Neffen in die Vereinigten Staaten, wo sie 1990 im Alter von 94 Jahren stirbt.

Hilde Spiel kehrt 1963 endgültig nach Wien zurück und arbeitet als Korrespondentin der *Frankfurter Allgemeinen Zeitung*. Die unmittelbaren Nachkriegsjahre hat sie als Theaterkritikerin der *Welt* in Berlin verbracht, dann folgen viele Jahre freier publizistischer Tätigkeit in London für deutschsprachige Zeitungen und Rundfunkstationen. Unter den literarischen Werken ist ihre wohl bekannteste Publikation die historische Biografie *Fanny von Arnstein oder Die Emanzipation*.

Hilde Spiel wird hoch geschätzte Kritikerin, gestaltet den Journalismus im Nachkriegseuropa entscheidend mit und erwirbt sich den Ruf einer moralischen Instanz. Was die »Grande Dame der deutschsprachigen Literatur« einst über den Wiener Kulturphilosophen Egon Friedell schrieb, trifft auch auf sie zu: »Egon Friedell schrieb für den gebildeten Leser, doch jeder versteht ihn, der den Willen dazu hat. Dies rührt daher, daß er niemals über den Kopf des Lesers hinwegsieht, sondern in Augenhöhe zu ihm redet – freilich in seiner eigenen, die beträchtlich war.«[2] Dass sie stets auf ihren »Brotberuf« als Journalistin reduziert wird und als Schriftstellerin weniger Anerkennung bekommt, kränkt sie bis zu ihrem Tod, 1990 in Wien. Statt als hervorragende Journalistin und Essayistin wäre sie lieber in die Annalen als »female

Proust of Vienna« eingegangen, wie die *Times* sie in einer Rezension Ende der Sechzigerjahre bezeichnet.

Emigrationsschicksale sind oft voller Zufälle und glücklicher Fügungen. Die Wiener Ausdruckstänzerinnen verschlägt es in ganz unterschiedliche Richtungen.

Als »Revolutionärin des Modernen Tanzes« wird Gertrud Kraus in Palästina gefeiert. In Tel Aviv eröffnet sie 1935 ihr neues Studio, Arbeits- und zugleich Wohnstätte. Am Konservatorium für Musik in Jerusalem leitet sie die Tanzausbildung. Ihre ersten Schülerinnen sind Tänzerinnen, wie sie aus Europa geflüchtet. So auch Lotti Huber, die 1988 im hohen Alter durch ihre Hauptrolle in Rosa von Praunheims Film *Anita – Tänze des Lasters* zur schrillen Kultfigur avanciert. In Palästina wird sie Schülerin der von ihr verehrten Wiener Künstlerin. »Gertrud Kraus nahm mich immer zu allen Veranstaltungen mit, in Konzerte, zu Vorträgen, ins Theater. Sie kannte jeden, und jeder kannte sie. Tatsächlich war sie im ganzen Land eine Berühmtheit.«[3]

1951 initiiert Gertrud Kraus mit Freunden und Freundinnen – unter ihnen auch ihre Lebenspartnerin – das Israel Ballet Theatre, einen Zusammenschluss aller in Palästina lebenden Tänzerinnen und Tänzer. Bis 1973 unterrichtet sie noch in ihrem Studio und als Professorin in Jerusalem, widmet sich aber zunehmend der Malerei und Bildhauerei. Bis zu ihrem Tod 1977 bleibt das Atelier dieser vielseitigen Künstlerin Treffpunkt junger Menschen, die in unterschiedlichen Bereichen kreativ tätig sind und bei Gertrud Kraus vor allem eines lernen: spartenübergreifend zu denken.

Gertrud Bodenwieser arbeitet in ihrem australischen Exil über 20 Jahre lang für die Verbreitung und Anerkennung des neuen Tanzes auf der südlichen Halbkugel. Das »Bodenwieser Ballet« macht Tourneen nach Südafrika und Indien und »bald gab es keinen Staat im Commonwealth mehr, wo die Bodenwiesers nicht bewundert und mit Applaus überschüttet worden wären«, heißt es 1959 im *Sydney Herald Tribune* nach dem Tod der »Prophetin des modernen Tanzes«.

In Indien nimmt Hilde Holger ihre künstlerische Arbeit wieder auf. Nach der russischen Tänzerin Anna Pawlowa ist sie die zweite Europäerin, die dort auf der Bühne steht. Doch der Bruch mit dem, was das indische Publikum unter Tanz versteht, ist zu radikal. Als sie für ihr »Hilde Holger Dance Studio« in Bombay inseriert, kommen zunächst nur Männer. »Die haben gedacht, es sei ein Bordell. Sie wollten nicht glauben, daß es eine Tanzschule ist.« Hilde Holger heiratet, bekommt eine Tochter. Und sie erlebt 1947 die Unabhängigkeit Indiens. Doch die gewalttätigen Glaubenskämpfe zwischen Moslems und Hindus bewegen die Familie schließlich zur Ausreise. Sie entscheidet sich für England.

Hilde Holger hat 1951 in London ihren zweiten Karrieredurchbruch. In einer Kirche führt sie ihr Stück *Under the Sea* auf und nutzt die Altarstufen als Bühne für ihre expressionistische Kunst. In der Presse wird gefragt: »Darf man eine Kirche in ein Ballett-Theater verwandeln?« Seit der Geburt ihres behinderten Sohnes widmet sich die Künstlerin verstärkt der tanztherapeutischen Arbeit. Ihre erste große Choreografie in diesem Bereich gilt als wegbereitend für die Tanztherapie in England.

Anfang der Fünfzigerjahre zieht sie mit Ehemann und Kindern nach Camden Town. In diesem bunten, kosmopolitischen Stadtteil von London fühlt Hilde Holger sich nach langer Zeit wieder heimisch, hat in ihrem Studio die Ruhe zum Arbeiten. Ihre Choreografien thematisieren auch aktuelle politische Ereignisse. Sie macht sich einen Namen als eigenwillige expressionistische Künstlerin, ihr Studio wird Anziehungspunkt für Schülerinnen und Schüler, die innovative Ausdrucksformen suchen.

Bis ins hohe Alter unterrichtet Hilde Holger in ihrem Studio im Keller eines typischen schmalen englischen Reihenhauses. Sie leidet unter schwerer Arthrose und kann sich nur noch mithilfe jüngerer Freundinnen und Freunde, die teilweise mit im Haus wohnen, fortbewegen. Zweimal in der Woche fährt sie mit dem Treppenlift nach unten, wo sie ihren Unterricht gibt. Im engen Treppenhaus kleben Zeitungsartikel und Plakate aus früheren Zeiten an den Wänden, auf die die 96-Jährige uns im schönsten wienerischen Englisch hinweist. Wir haben das Glück, Hilde Holger noch persönlich kennenzulernen und für dieses Buch interviewen zu können. An einem Abend im Mai 2001, vier Monate vor ihrem Tod, besuchen wir sie. Wien »als philosophischen Ort« hat sie nie verlassen, betont immer noch die Kunst als ihre Lebensphilosophie. »Es ist mein größtes Interesse, so lange ich noch unterrichten kann, mit den Menschen die wirkliche tänzerische Kraft zu erzielen und sie zu neuen Ideen zu führen. Wenn ich noch einmal geboren würde, würde ich wieder tanzen.«

ANMERKUNGEN

Szenarium
[1] Stefan Zweig: Die Welt von Gestern. F/M. 2000, S. 30
[2] Milena Jesenská: Alles ist Leben. Feuilletons und Reportagen 1919–1939. F/M. 1996, S. 15
[3] Hilde Spiel: Die hellen und die finsteren Zeiten. Wien 1989, S. 39
[4] Hilde Spiel: Weltbürgerin der Literatur. Hg.: Hans A. Neunzig und Ingrid Schramm. Wien 1999, S. 59
[5] Thomas Chorherr: Wien. Wien 1987, S. 279

Netzwerkerinnen der Salons
[1] Neues Wiener Journal, 21. November 1918
[2] Maria Ley-Piscator: Der Tanz im Spiegel. Reinbek 1989, S. 36
[3] Wiener Allgemeine Zeitung, 13. November 1914
[4] Helene von Nostitz: Aus dem alten Europa. Leipzig 1926, S. 98
[5] Berta Zuckerkandl: Ich erlebte fünfzig Jahre Weltgeschichte. Stockholm 1939, S. 263
[6] Berta Zuckerkandl: Österreich intim. Erinnerungen 1892–1942. Hg.: Reinhard Federmann. F/M. 1970, S. 186
[7] Hilde Spiel: Die hellen und die finsteren Zeiten. München 1989, S. 39
[8] Stefan Zweig: Die Welt von Gestern. F/M. 2000, S. 337
[9] Gina Kaus: Von Wien nach Hollywood. F/M. 1990, S. 43
[10] Friedrich Torberg: Die Erben der Tante Jolesch. München 1978, S. 243
[11] Klaus Mann: Der Wendepunkt. München 1981, S. 370
[12] Karola Bloch: Aus meinem Leben. Pfullingen 1981, S. 98
[13] Elias Canetti: Das Augenspiel. München 1985, S. 59
[14] Elsie Altmann-Loos: Mein Leben mit Adolf Loos. Wien, München 1984, S. 89

[15] Renate Göllner: Mädchenbildung um 1900. Eugenie Schwarzwald und ihre Schulen. Wien 1986, S. 40 (im Weiteren: Mädchenbildung)
[16] Neue Zürcher Zeitung, 4. November 1928
[17] Eugenie Schwarzwald: Die Ochsen von Topolschitz. Feuilletons. Wien 1995, S. 116
[18] Mädchenbildung, S. 63

Tänze am Rande des Vulkans
[1] Dunlop MacTavish, Shona: Gertrud Bodenwieser. Wien, Sydney 1992, S. 20 (Im Weiteren: Bodenwieser)
[2] Dancing Times, zitiert nach Bodenwieser, S. 28
[3] Hirschbach, Denny/Takvorian, Rick (Hg.): Die Kraft des Tanzes. Wien, Bombay, London 1990, S. 14
[4] Bodenwieser, S. 35
[5] The gamin speaks. Conversations with Gertrud Kraus. In: Dance Magazine, März 1976, S. 46 (Ü: H.H.) (im Weiteren: The gamin)
[6] The gamin, S. 46
[7] Lotti Huber: Diese Zitrone hat noch viel Saft. St. Gallen, Berlin, São Paulo 1990, S. 15
[8] Giora Manor: The Life and Dance of Gertrud Kraus. Tel Aviv 1978, S. 11 (Ü: H.H.)
[9] Gertrud Kraus aus Wien. Eine Spurensuche von Andrea Amort. In: tanz Affiche Nr. 74, Nov. 1997, S. 25
[10] Berliner Tageblatt, 29. Juni 1930
[11] The gamin, S. 46

Star-Fotografinnen
[1] Das Leben der Madame d'Ora. In: Fotomagazin. München 1977
[2] Elsie Altmann-Loos: Mein Leben mit Adolf Loos. Wien, München 1984, S. 195
[3] Monika Faber: Madame d'Ora, Wien-Paris. Wien,

München 1983, S. 8 (im Weiteren: Madame d'Ora)
4 Fritz Kempe: Perscheid, Benda, Madame d'Ora. Museum für Kunst und Gewerbe Hamburg 1980, S. 26
5 Madame d'Ora, S. 172
6 Madame d'Ora, S. 34
7 Übersee. Flucht und Emigration österreichischer Fotografen 1920–1940. Kunsthalle Wien 1997, S. 37
8 Hans Schreiber: Trude Fleischmann. Fotografin in Wien 1918–1938. Wien 1990, S. 29

Inspiration Kaffeehaus

1 Lina Loos: Das Buch ohne Titel. Hg.: Adolf Opel. Wien 1996, S. 219 (im Weiteren: Titel)
2 Lina Loos: Wie man wird was man ist. Hg.: Adolf Opel. Wien 1994, S. 128
3 Titel, S. 81
4 Lisa Fischer: Lina Loos oder Wenn die Muse sich selbst küßt. Wien u. a. 1995, S. 122 (im Weiteren: Muse)
5 Titel, S. 132
6 Muse, S. 40
7 Muse, S. 59
8 Du silberne Dame Du. Briefe von und an Lina Loos. Hg.: Franz Theodor Csokor und Leopoldine Rüther. Wien, Hamburg 1966, S. 232
9 Alena Wagnerová: Milena Jesenská. Biographie. Mannheim 1994, S. 80 (im Weiteren: Biographie)
10 Biographie, S. 73
11 Gina Kaus: Von Wien nach Hollywood. Los Angeles 1990, S. 49 (im Weiteren: Gina Kaus)
12 Gina Kaus, S. 80
13 Gina Kaus, S. 124
14 Milena Jesenská. Alles ist Leben. Feuilletons und Reportagen 1919–1939. Hg.: Dorothea Rein. F/M. 1996, S. 128

[15] Biographie, S. 144
[16] Biographie, S. 161
[17] Hilde Spiel: Rückkehr nach Wien. Ein Tagebuch. München 1996, S. 72 (im Weiteren: Rückkehr)
[18] Hilde Spiel: Die hellen und die finsteren Zeiten. München 1989, S. 80 (im Weiteren: Zeiten)
[19] Rückkehr, S. 24
[20] Hilde Spiel, die Grande Dame. Gespräch mit Anne Linsel. Hg.: Ingo Hermann. Göttingen 1992, S. 36

Bühnenzauber

[1] Maria Jeritza: Sunlight and Song. New York, London 1924, S. 170f. (Im Weiteren: Jeritza)
[2] Jeritza, S. 9
[3] Robert Werba: Maria Jeritza. Wien 1981, S. 22f.
[4] Neues Wiener Tagblatt, 17.3.1912
[5] Neue Freie Presse, 5.10.1915
[6] Neue Freie Presse, 3.11.1919
[7] Neues Wiener Journal, 22.10.1921
[8] Jürgen Kesting: Die großen Sänger. Düsseldorf 1986, S. 779
[9] Wiener Zeitung, 23.4.1930
[10] Berndt W. Wessling: Lotte Lehmann. Salzburg 1969, S. 130f.

Neuanfänge

[1] Gina Kaus: Von Wien nach Hollywood. F/M. 1990, S. 213
[2] Hilde Spiel: Rückkehr nach Wien. Ein Tagebuch. München 1996, S. 150
[3] Lotti Huber. Diese Zitrone hat noch viel Saft. St. Gallen, Berlin, São Paulo 1990, S. 15

ZUM WEITERLESEN

Elsie Altmann-Loos: Mein Leben mit Adolf Loos. Wien, München 1984
Eva Bakos: Wilde Wienerinnen. Leben zwischen Tabu und Freiheit. Wien 1999
Karola Bloch: Aus meinem Leben. Pfullingen 1981
Margarete Buber-Neumann: »Sterben allein ist zu wenig«. Milena Jesenská. München 2001
Milan Dubrovic: Veruntreute Geschichte. Die Wiener Salons und Literatencafés. Wien 1985
Monika Faber: Madame d'Ora. Wien-Paris. Portraits aus Kunst und Gesellschaft 1907–1957. Wien, München 1983
Lisa Fischer: Lina Loos oder Wenn die Muse sich selbst küßt. Wien 2007
Trude Fleischmann. Fotografien 1918–1938. Galerie Faber. Wien 1988
Françoise Giroud: Alma Mahler. Wien 1989
Denny Hirschbach / Rick Takvorian (Hg.): Die Kraft des Tanzes. Hilde Holger. Wien, Bombay, London 1990
Oliver Hilmes: Witwe im Wahn. Das Leben der Alma Mahler-Werfel. München 2010
Veronika Hofener: Der produktive Kosmos der Gina Kaus. Hildesheim 2013
Deborah Holmes: Langeweile ist Gift. Das Leben der Eugenie Schwarzwald. St. Pölten 2012
Anton Holzer / Frauke Kreutler (Hg.): Trude Fleischmann. Der selbstbewusste Blick. Wien Museum 2011
Lotti Huber: Diese Zitrone hat noch viel Saft. Ein Leben. St. Gallen, Berlin, São Paulo 1990
Alan Jefferson: Lotte Lehmann. Eine Biographie. Zürich 1991
Milena Jesenská. Alles ist Leben. Feuilletons und Reportagen 1919–1939. Hg.: Dorothea Rein. F/M. 1996
Gina Kaus: Die Schwestern Kleh. Gräfelfing 2013

Dies.: Die Unwiderstehlichen. Oldenburg 2000
Dies.: Von Wien nach Hollywood. F/M. 1990
Lina Loos: Das Buch ohne Titel. Hg.: Adolf Opel. Wien 1996
Dies.: Wie man wird was man ist. Hg.: Adolf Opel. Wien 1994
Alma Mahler-Werfel: Mein Leben. F/M. 2008
Giora Manor: The Life and Dance of Gertrud Kraus. Tel Aviv 1978
Iris Meder / Andrea Winklbauer: Vienna's Shooting Girls – Jüdische Fotografinnen aus Wien. Jüdisches Museum Wien 2012.
Lucian O. Meysels: In meinem Salon ist Österreich. Berta Zuckerkandl und ihre Zeit. Wien 1997
Österreichisches Theatermuseum: Tanz 20. Jahrhundert in Wien. Wien 1979
Marcel Prawy: Die Wiener Oper. Wien u. a. 1969
Ingrid Schramm / Michael Hansel (Hg.): Hilde Spiel und der literarische Salon. Innsbruck, Wien, Bozen 2011
Michael Schulte: Berta Zuckerkandl. Zürich 2006
Frauke Severit: Das alles war ich. Politikerinnen, Künstlerinnen, Exzentrikerinnen der Wiener Moderne. Wien 1998
Hilde Spiel: Die hellen und die finsteren Zeiten. Erinnerungen 1911–1946. München 1989
Dies.: Glanz und Untergang. Wien 1866–1938. München 1988
Dies.: Rückkehr nach Wien. Ein Tagebuch. München 1996
Übersee. Flucht und Emigration österreichischer Fotografen 1920–1940. Kunsthalle Wien 1997
Alena Wagnerová: Milena Jesenská. Biographie. Mannheim 1994
Robert Werba: Maria Jeritza. Primadonna des Verismo. Wien 1981